Galileo Galilei

Una Guía Fascinante de un Astrónomo, Físico e Ingeniero Italiano y Su Impacto en la Historia de la Ciencia

© **Copyright 2020**

Todos los Derechos Reservados. Ninguna parte de este libro puede reproducirse de ninguna forma sin el permiso por escrito del autor. Los comentaristas literarios pueden citar breves pasajes en sus revisiones.

Descargo de responsabilidad: Ninguna parte de esta publicación puede reproducirse o transmitirse de ninguna forma o por ningún medio, mecánico o electrónico, incluido el fotocopiado o grabación, o por cualquier sistema de almacenamiento y recuperación de información, o transmitida por correo electrónico sin el permiso por escrito del editor.

Si bien se han hecho todos los intentos para verificar la información provista en esta publicación, ni el autor ni el editor asumen ninguna responsabilidad por errores, omisiones o interpretaciones contrarias al tema en este documento.

Este libro es solo para fines de entretenimiento. Las opiniones expresadas son solo del autor, y no deben tomarse como instrucciones u órdenes de expertos. El lector es responsable de sus propias acciones.

El cumplimiento de todas las leyes y regulaciones aplicables, incluidas las leyes internacionales, federales, estatales y locales que rigen las licencias profesionales, las prácticas comerciales, la publicidad y todos los demás aspectos de hacer negocios en los EE. UU., Canadá, el Reino Unido o cualquier otra jurisdicción es responsabilidad exclusiva del comprador o lector.

Ni el autor ni el editor asumen responsabilidad alguna sobre estos materiales por parte del comprador o lector. Cualquier desaire percibido hacia cualquier individuo u organización es completamente involuntario.

Contents

INTRODUCCIÓN 1
CAPÍTULO 1 – NACE UN ASTRÓNOMO 3
CAPÍTULO 2 – GALILEO ESTUDIA CON MONJES FLORENTINOS 6
CAPÍTULO 3 - LA UNIVERSIDAD DE PISA 10
CAPÍTULO 4 - GALILEO CALCULA LA UBICACIÓN DEL INFIERNO 13
CAPÍTULO 5 - PROFESOR EN LA UNIVERSIDAD DE PISA 19
CAPÍTULO 6 – UNIVERSIDAD DE PADUA 23
CAPÍTULO 7 - LA INQUISICIÓN CATÓLICA 27
CAPÍTULO 8 - LA ESTRELLA DE KEPLER................................. 30
CAPÍTULO 9 – GALILEO Y JOHANNES KEPLER 34
CAPÍTULO 10 – EL MENSAJERO ESTELAR............................... 38
CAPÍTULO 11 - GALILEO SE ENCUENTRA CON EL PAPA PABLO V 43
CAPÍTULO 12 - LA INQUISICIÓN LO VISITA DE NUEVO 47
CAPÍTULO 13 - DISCURSO SOBRE LAS MAREAS 53
CAPÍTULO 14– UNA REUNIÓN CON EL PAPA URBANO VIII............... 57
CAPÍTULO 15 - EL ENSAYADOR.. 62
CAPÍTULO 16 - DIÁLOGO SOBRE LOS DOS PRINCIPALES SISTEMAS MUNDIALES 66

CAPÍTULO 17 - JUICIO Y ENCARCELAMIENTO 71
CAPÍTULO 18 - TRABAJO FINAL Y MUERTE 77

Introducción

Las contribuciones de Galileo Galilei a la ciencia moderna fueron tan fundamentales para una variedad de campos que, aunque murió hace casi 400 años, su nombre conserva el reconocimiento internacional. A este filósofo natural del siglo XVII a menudo se le atribuye la invención del telescopio gracias a sus numerosos descubrimientos utilizando ese instrumento específico, y aunque en verdad no fue su inventor, el mito aún persiste. De hecho, Galileo fue responsable de una serie de actualizaciones de la nueva herramienta de astronomía durante la primera parte del siglo XVII, y fueron en gran parte sus técnicas innovadoras las que transformaron una lupa bastante mediocre en un dispositivo revolucionario.

También fue el primero en usar su poderoso telescopio para mirar la Luna, los planetas y las estrellas y descubrir realmente cuánto había más allá del reino del océano, la tierra y las nubes. Sus observaciones del sistema solar fueron las primeras de su tipo, y ayudaron a cimentar una teoría que había estado apareciendo y desapareciendo en la filosofía europea durante siglos: que la Tierra no era el centro del universo.

Insistir en que la Tierra no era el objeto más importante del universo era algo peligroso en un momento en que la Iglesia católica estaba a la cabeza de casi todos los organismos gubernamentales e instituciones educativas. La opinión de la Iglesia, basada en textos bíblicos, era que Dios había creado la Tierra como un mundo inmóvil alrededor del cual giraban el Sol y las estrellas. A los católicos e incluso a los protestantes, aquellos que se habían separado de la jerarquía papal, no les gustaba que otras teorías sobre el estado del universo circularan entre la gente, y la Inquisición católica siempre se cernía sobre los hombros de los científicos en particular.

Galileo publicó sus teorías sin importarle el peligro y luchó para lidiar con las repercusiones de hacerlo. Su increíble carrera se caracterizó por un precario equilibrio entre publicar la verdad de sus descubrimientos y mantener buenas relaciones con la gente en el poder. Al igual que muchos otros grandes de esa época, Galileo nació cerca de Florencia, Italia, lo que lo convirtió en un producto de la tendencia más importante del continente durante el Renacimiento y la Revolución Científica.

Capítulo 1 – Nace un Astrónomo

El año 1564 fue siniestro para Europa, un continente que estaba en medio de la Revolución Científica. El futuro astrónomo Galileo Galilei nació el 15 de febrero de ese año, y solo tres días después, el gran artista y filósofo natural Michelangelo di Lodovico Buonarroti Simoni, mejor conocido solo por su nombre, moría en Roma.[1] Ese mismo abril, William Shakespeare nacía en Stratford-upon-Avon en Inglaterra.[2] Europa estaba avanzando a toda velocidad hacia una nueva era de la ciencia, el arte y un cambio religioso que se conocería como la era de la Ilustración.

Como lo hizo durante el Renacimiento, Italia una vez más lideraba la tarea de crear un mundo lleno de arte, educación y filosofía. Uno de esos italianos fue Vincenzo Galilei, un consumado compositor, músico teórico e intérprete del laúd. Nacido en Florencia, Vincenzo y su esposa, Giulia (Ammannati de soltera), se establecieron en Pisa para criar a su familia, y su primer hijo fue Galileo. El mantenimiento parcial de registros significa que los historiadores deben hacer algunas suposiciones sobre los nombres de los hermanos de Galileo, pero generalmente se cree que se llamaban

---

[1] Hofer, Charles. *Saturno*. 2008.

[2] Linder, Douglas O. "El Juicio de Galileo: Una Cronología". *Juicios Famosos*. Web.

Virginia, Michelagnolo (o Michelangelo), Livia, Giulia y Benedetto Galilei. Galileo tuvo cinco hermanos en total, pero solo tres sobrevivieron a la infancia.

Como era natural en un hogar musical, el anciano Galilei enseñó a sus hijos a tocar su instrumento preferido, el laúd. No necesariamente tendría aspiraciones musicales para su descendencia, pero su hijo menor, Michelagnolo, crecería para convertirse en músico. Aunque el hijo primogénito de Vincenzo no elegiría la música como carrera, Galileo sí se convirtió en un hábil laudista y teórico musical bajo la tutela de su padre. De hecho, Vincenzo y Galileo trabajaron juntos en gran parte de la experimentación musical de Vincenzo, y Galileo tuvo un rol importante en el estudio de la acústica que llevaba a cabo su padre.

Juntos, estudiaron las matemáticas de la música, enfocándose en las reglas que rigen los sonidos creados por las cuerdas de sus laúdes. En el sótano de su casa en Pisa, Galileo y Vincenzo estiraban escrupulosamente varios largos de cuerdas de laúd (generalmente hechas a partir de tripas secas de oveja) a lo largo de la habitación y colocaban diferentes pesos en los extremos. Utilizaron diferentes largos y pesos para medir las variaciones de sonido en todas las cuerdas. Los experimentos de la pareja lograron descubrir un conjunto de constantes matemáticas en el trabajo con la teoría del sonido acústico. Observando a su padre trabajar metódicamente en los experimentos con cuerdas, el joven Galileo aprendió mucho sobre la metodología científica que ni siquiera sería generalmente aceptada en los siglos venideros.

En algún momento después del nacimiento de sus hijos, Vincenzo Galilei consideró necesario para su trabajo mudarse a la cercana ciudad de Florencia. Su familia se quedó en Pisa en la casa del amigo de Vincenzo, Muzio Tedaldi. Tedaldi se ocupaba del cuidado y la educación de los hijos de Galilei en ausencia de Vincenzo, durante los cuales el joven Galileo probablemente asistió a la escuela pública de Pisa. Como estudiante del Renacimiento, Galileo habría estudiado una colección de temas de estilo clásico, incluyendo latín, álgebra, filosofía, historia, música e idiomas europeos. Estos temas habían perdido popularidad durante la Edad Media en Europa, pero las clases educadas del Renacimiento se dedicaron a ubicarlas una vez más a la vanguardia de la educación.

Mientras Galileo y sus hermanos pasaban su primera infancia en Pisa, Vincenzo permaneció en Florencia ya que era un músico muy demandado. Fiel a la era del Renacimiento, el padre de Galileo se centró en el renacimiento musical griego que incluía la teoría musical antigua, así como obras dramáticas. Se comprometió con la notable Camerata Florentina (también conocida como Camerata de Bardi), un grupo compuesto por músicos, poetas, filósofos y otros hombres sumamente educados bajo el patrocinio del conde Giovanni de Bardi. Junto con la Camerata, Vincenzo ayudó a transformar la floreciente forma de arte que era la ópera italiana.

Específicamente, Vincenzo estaba obsesionado con la idea musical de la "disonancia", que se refiere a las partes más oscuras y ásperas percibidas de una pieza musical. Exploró el uso de este tipo de música en producciones dramáticas, teorizando que había un uso en composiciones más grandes. Vincenzo también fue en gran parte responsable del uso de formas líricas recitativas en la ópera, donde los cantantes imitarían patrones del habla normales en lugar de la forma tradicional de la canción. El estilo recitativo se convirtió en una parte casi fundamental de muchas formas operísticas, que todavía se siguen utilizando hoy.

El primogénito de Vincenzo tendría el honor de ser conocido como una de las mentes más grandes del mundo, y solo el gran hombre renacentista florentino que viniera antes que él, Miguel Ángel, también sería reconocido principalmente por su nombre de pila. Galileo Galilei transformaría los campos de la astronomía y la física tanto como su padre transformó la ópera italiana, pero el primero sufriría más por su obra.

Capítulo 2 – Galileo Estudia con Monjes Florentinos

Ya en el siglo XIII, Florencia, Italia, era el epicentro del Renacimiento europeo, pero a pesar de su influencia cultural sobre el resto del continente, Florencia era el hogar de una gran cantidad de conflictos políticos y religiosos. Bajo el estricto control de la rica y poderosa familia de los Medici, la ciudad prosperó en términos artísticos, pero se hizo cada vez más corrupta en términos de política e impuestos.

Florencia estuvo indisolublemente unida a los Medici durante más de tres siglos, durante los cuales la familia ganó poder sobre la ciudad a través de su monopolio bancario. En el siglo XIV, Giovanni de Medici inventó una nueva forma de impuestos y banca pública que se apoderó de la popular ciudad de Florencia y no la dejó ir. Giovanni usó gran parte de su dinero para crear nuevos y hermosos edificios y patrocinar a artistas como el famoso Donatello. Su hijo, Cosimo di Giovanni de Medici, heredó la riqueza bancaria de su padre y la usó para consolidar su posición política en Florencia. Siendo un conocido mecenas de las artes, Cosimo también utilizó gran parte de su dinero para financiar obras de arte, bibliotecas y centros de aprendizaje dentro de la ciudad.

Sin embargo, después de Cosimo, los herederos de la familia de Medici fueron menos propensos a patrocinar las artes y la cultura de su ciudad, aunque al menos tres de ellos obtuvieron el cargo más alto en la Iglesia católica, el de papa. Su imperio bancario se derrumbó a finales del siglo XV, y el sentimiento público en Florencia hacia la familia se vio resentido; los residentes de la ciudad expulsaron a los Medici dos veces en el lapso de un siglo, creando una república. Sin embargo, en ambas ocasiones, los ejércitos contratados por los Medici forzaron su regreso al poder, y en 1532, el papa Clemente VII, nacido como Giulio di Giuliano Medici, disolvió el gobierno de la república y nombró a Alessandro de Medici duque de Florencia. En adelante, la ciudad-estado funcionó bajo la autoridad oficial de la línea de duques de Medici. En 1569, el papa Pío V declaró que Cosimo I de Medici era Gran Duque de Toscana, incorporando la ciudad-estado florentina al más grande Gran Ducado de Toscana.

Cuando en 1574 el joven Galileo Galilei fue enviado por su padre a establecerse en Florencia, la ciudad seguía siendo un centro cultural y científico a pesar de los continuos disturbios políticos. El arte y la cultura del siglo XVI habían persistido a lo largo de la caótica historia reciente de Florencia, y cuando la familia Galilei se mudó a la ciudad desde Pisa, Francesco I de Medici acababa de heredar el cargo de Gran Duque de Toscana. Quizás debido a una mezcla de rasgos heredados de su padre, Cosimo I, Francesco supuestamente ordenó el asesinato del esposo de su amante y simultáneamente fundó las industrias florentinas de la porcelana y el gres.

Para la familia Galilei, el comportamiento perturbador del Gran Duque de Toscana probablemente fue de poca importancia, ya que Francesco con mucho gusto apoyaba las artes musicales y dramáticas. Durante su tiempo como líder del Gran Ducado de Toscana, Francesco hizo construir el Teatro Medici y la Accademia della Crusca. Vincenzo tenía mucho trabajo, y Galileo estaba rodeado de todas las ciencias de su época: arquitectura, música, filosofía, filología, matemáticas y filosofía natural. El niño se quedó con su padre en la ciudad hasta 1579, que fue cuando lo enviaron a estudiar con los monjes locales.[3]

El alumno de quince años estudió quizá en el monasterio de Vallombrosa, o pudo haber sido educado en sus creencias y costumbres en una comunidad cercana como la de la Santa Trinita. Ambos lugares se encontraban dentro del Gran Ducado de Toscana, ya que Cosimo de Medici había logrado comprar una gran parte de las tierras periféricas de la ciudad. Independientemente de la ubicación exacta de su estudio, Galileo encontró en la religión católica una gran creencia personal que le enseñaban los monjes. Disfrutó su tiempo con los vallombrosanos e incluso posiblemente ingresó a su orden formalmente cuando era joven. Su devoción por la religión que le habían enseñado allí continuaría durante toda su vida. Por supuesto, como era costumbre durante el siglo XVI en Europa, estudiar con una orden religiosa no significaba que uno solo sería educado en la doctrina religiosa. Lo que se sabía de ciencia, matemáticas y filosofía también se enseñaba en dichas instituciones, y la educación de Galileo no habría sido una excepción.

Hay notas escritas con letra de Galileo que datan de este período que muestran su estudio de la lógica de Aristóteles. Desafortunadamente, el padre de Galileo no quería que su hijo completara su educación con los monjes porque eso lo vincularía a una carrera en la Iglesia. En cambio, el anciano Galilei quería que su hijo estudiara medicina y se convirtiera en médico en ejercicio. El abad de Vallombrosa, Diego Franchi, parece haber dado a entender que el padre de Galileo puso como excusa para llevarlo a Florencia "que debía tratarse de una grave afección ocular"[4]. Evidentemente, el estudiante no regresó. Galileo fue sacado de la orden de Vallombrosa en 1578, y dos años después, se matriculó en la Universidad de Pisa como

---

[3] "Cronología de Galileo". *El Proyecto Galileo*. Web. 1995.

[4] Bonechi, Sara. "Nacimiento, Vida Temprana y Educación". *Itinerarios Científicos en la Toscana*. Web. 2008.

estudiante de medicina y filosofía.⁵ Una vez más, se alojaría en la casa de Muzio Tedaldi.

---

⁵ Ibid.

Capítulo 3 - La Universidad de Pisa

Después de terminar su educación con los monjes de Vallombrosa, Galileo cumplió con los deseos de su padre y miró para adelante hacia una educación en una universidad. Pudo asistir a la Universidad de Pisa, en ese momento una de las instituciones educativas más respetadas de toda Europa.

Aunque la universidad se había establecido originalmente en Florencia en 1343 como un *studium generale*, el duque de Medici la reubicó en Pisa en 1545.[6] *Studium generale* es el término medieval para lo que eventualmente se conocería formalmente como universidad. Estas instituciones dieron la bienvenida a personas de todo el mundo que deseaban reunirse y estudiar cualquier tema. Las clases no estaban tan estrictamente programadas y formalizadas como lo estarían en los siglos siguientes, aunque para cuando Galileo Galilei asistiera a la Universidad de Pisa, se habían creado programas de grado de estilo moderno.

En ese momento, Pisa se había unido políticamente con su rival de mucho tiempo Florencia, gracias a que se había vendido al Ducado

---

[6] Lawrence, Alfred. *Universidad de Pisa*. 1976.

por 206.000 florines.[7] Bajo la autoridad de la familia Medici, las dos ciudades se entrelazaron estrechamente y el duque Cosimo I de Medici reabrió oficialmente la Universidad de Pisa en 1545.[8] Su patrocinio mejoró en gran medida la posición de la escuela, que se convirtió en una de las más prestigiosas de Europa. Con su ciudad natal bajo el paraguas político del Gran Ducado de Toscana, Galileo tenía a su alcance la mejor educación de la región.

El adolescente Galileo hizo lo que esperaba y asistió a estudios médicos en la universidad, aprendiendo las matemáticas más complejas y los temas biológicos equiparados con un título médico contemporáneo. Sin embargo, en lugar de interesarse por la medicina y la atención al paciente, el joven Galileo se sintió mucho más fascinado por el estudio científico de los objetos y sus movimientos. No muy diferente de su trabajo con Vincenzo y las cuerdas de laúd, Galileo se sintió atraído por la ciencia de la física aún sin nombre. Se preguntaba sobre los movimientos de las estrellas, la Tierra y las cosas en su superficie.

Aunque continuó asistiendo a la escuela con el pretexto de obtener su título de médico, Galileo pasaba la mayor parte del tiempo en la Universidad de Pisa tomando clases de matemáticas y filosofía natural. Las matemáticas eran uno de los temas más fascinantes del momento para los estudiantes interesados en el aprendizaje superior, y gran parte de los materiales estudiados por Galileo habrían sido influenciados directamente por las obras de un fraile italiano llamado Luca Pacioli. Pacioli publicó varios libros matemáticos cuyo contenido incluía acertijos geométricos, la secuencia de Fibonacci y la contabilidad de doble entrada.

Pacioli murió en 1517, pero sus libros fueron muy apreciados dentro de Italia y en el extranjero, y estos habrían llegado al escritorio de Galileo varias décadas después. Posiblemente Pacioli es el primer matemático en utilizar símbolos positivos y negativos en su obra, lo

---

[7] Najemy, John M. *Una Historia de Florencia*. 2008.

[8] Universita di Pisa website.

que tuvo un gran impacto en el campo. A lo largo del siglo, varios matemáticos comenzaron a incorporar nuevos símbolos en el léxico, incluidos los de multiplicación, división, igualdad, fracciones, raíces y decimales. Probablemente Galileo disfrutó mucho trabajando en los acertijos de Pacioli, algunos de los cuales pueden haber sido diseñados o incluso dibujados por su amigo y colega, Leonardo da Vinci.

Probablemente fue a través de obras como *Summa de arithmetica, geometria, proportioni et proportionalita* (resumen de aritmética, geometría, proporciones y proporcionalidad) que Galileo habría aprendido sobre geometría, álgebra básica y contabilidad, todos los principios importantes de las matemáticas del siglo XVI. La mayoría de estos fundamentos se aplicaban directamente a la astronomía, un estudio antiguo, pero relativamente simple, que involucraba mapear el cielo, trazar el movimiento de los cuerpos celestes y completar ecuaciones para ayudar en la navegación. La mayoría de las matemáticas de la navegación usaban la trigonometría, que Galileo y sus contemporáneos estudiaron de los textos de los griegos. Todo esto se basaba en el uso de la simple vista y herramientas rudimentarias.

Tal como estaban las cosas, Galileo no estaba suficientemente interesado en la medicina para continuar con sus estudios. Así como lo había hecho en la escuela de Vallombrosa, Galileo renunció antes de obtener un título. Por lo tanto, tanto la carrera de clérigo como la de médico estaban fuera del alcance; sin embargo, el joven no era en modo alguno inepto para un empleo. Era muy educado, inteligente y estaba familiarizado con muchas materias. Por lo tanto, era un maestro ideal. Terminando, por el momento, con Pisa, Galileo Galilei, de 21 años, se dirigió a Florencia para comenzar a trabajar como maestro de matemáticas.

Capítulo 4 - Galileo Calcula la Ubicación del Infierno

Felizmente, el joven profesor encontró que sus aptitudes estaban solicitadas en su academia favorita, el monasterio de Vallombrosa. Trabajó allí durante el verano de 1586, probablemente encantado de haber encontrado una carrera en la que pudiera estar rodeado de las comodidades de su fe y al mismo tiempo tener permiso para explorar el mundo a través de números y ecuaciones. Fue durante este tiempo que comenzó a armar su primera publicación: *La Bilancetta* (La Pequeña Balanza).

La Bilancetta fue una explicación contemporánea de un antiguo proceso matemático griego. En el libro, Galileo describió los métodos que Arquímedes usara para encontrar la gravedad específica de objetos usando una balanza. La "gravedad específica" es la relación entre la densidad de un objeto y la densidad de una sustancia diferente. Por ejemplo, uno podría probar la gravedad específica de 100 gramos de plomo y 100 gramos de madera comparándolos con el mismo material, probablemente agua.

Arquímedes es famoso por haber gritado "¡eureka!" después de bañarse, ya que finalmente había descubierto cómo medir objetos de formas extrañas sin fundirlos. Se dio cuenta, durante el proceso de meterse en la bañera y observar el aumento del nivel del agua, que podía medir la masa de un objeto colocándolo en una bañera y observando cuánta agua se desplazaba. El principio de Arquímedes establece que la fuerza de flotación sobre un objeto es igual a la cantidad de agua que desplaza.

En la *Bilancetta* Galileo examinó el principio de Arquímedes, así como la ley de la palanca de Arquímedes, una ley en la que se puede determinar la relación de los pesos de los objetos. El experimento utiliza una palanca larga sobre un punto de equilibrio y un baño de agua. Dos objetos idénticos están suspendidos de los extremos opuestos de la palanca, con uno de los objetos asentado en el agua. La diferencia entre el peso de los objetos (con uno suspendido en el aire y el otro aligerado por las fuerzas de flotación del agua) permite determinar la densidad del objeto.

Como hombre de números, la reputación de Galileo se hizo cada vez mayor. En 1588, fue invitado a dar una conferencia sobre el tema de la ubicación específica y las dimensiones del infierno como se describe en el famoso Infierno de Dante. Para una cultura de gente cuyas vidas cotidianas giraban en torno a la doctrina de la Iglesia católica, la teología sobre el contenido de la Biblia se consideraba de suma importancia. Incluso los hombres de ciencia (en general) creían en la verdad básica del catolicismo y, por supuesto, Galileo no sería la excepción.

Durante di Alighiero degli Alighieri, más comúnmente conocido como Dante Alighieri, fue un poeta italiano del siglo XIV famoso por escribir la *Divina Comedia*, un poema épico compuesto por cantiche, en el que el primero se titula *Inferno*. El segundo y tercer cantiche se titulan *Purgatorio* y *Paradiso*. *Inferno* sigue el camino de Dante, dirigido por el antiguo poeta romano Virgilio, a través de los nueve niveles del Infierno tal como los imaginó. El modelo del infierno de Dante se encuentra dentro de la Tierra, con cada nivel descendiendo más profundamente al núcleo del planeta. Estas descripciones se basaban en la propia investigación de Dante sobre la Biblia y varios otros textos teológicos, incluidos los del mundo musulmán. En la visión de Dante del Infierno, los pecadores más atroces eran llevados a la cámara más interna de la Tierra, mientras que los pecadores menores habitaban en las capas externas.

El clero medieval se tomaba muy en serio esta teología en particular, y cuando se le pidió a Galileo que trabajara con el poema de Dante y usara su conocimiento avanzado de las matemáticas para determinar el tamaño exacto y la ubicación de los niveles del Infierno, también se tomó en serio el proyecto. Como solo tenía 24 años, Galileo debió haber sido un ciudadano muy prestigioso de Florencia para ser considerado para el trabajo. Su propia ubicación probablemente tuvo mucho que ver con eso. En ese momento de su carrera, Galileo era un maestro respetado, un autor matemático publicado y un miembro fiel de la Iglesia. Residir en Florencia significaba que estaba más cerca del mayor asiento del poder, los Medici y el papa, que grandes mentes similares en otras partes de Europa.

Los materiales con los que tuvo que trabajar Galileo se basaron en la cántica original de Dante; sin embargo, varios artistas y teólogos habían ideado sus propias representaciones físicas del Infierno. Sandro Botticelli, el artista que había creado un mapa del *Infierno* para una versión de la *Divina Comedia*, fue probablemente más influyente en este proceso que el propio Dante, ya que su obra de arte había inspirado a otros hombres a considerar las realidades físicas del inframundo espiritual. Unas décadas más tarde, en 1506, el matemático y arquitecto florentino Antonio Manetti escribió su propia descripción de la geografía y la geometría del *Infierno* de Dante.[9] Esta se consideró una hazaña notable hasta que fue desafiado en 1544 por Alessandro Vellutello.[10] Alessandro postuló un mapa bastante diferente al de Manetti, y así nació la necesidad de que Galileo proporcionara una crítica bien fundada de ambas descripciones.

---

[9] Angelini, A; Magnaghi-Delfino, P; and T. Norando. "Galileo Galilei Ubicación, Forma y Tamaño del Infierno de Dante ". Universidad Eslovaca de Tecnología de Bratislava. Enero 2014.

[10] Ibid.

Sin embargo, la tarea no estuvo exenta de presión política. Como Vellutello era de Lucca, una ciudad italiana con la que Florencia tenía una rivalidad continua, la asamblea se inclinó hacia el erudito florentino Manetti. Florentino y bastante joven, Galileo puede que fuera parcial antes de leer el trabajo de Vellutello. De hecho, después de entregar dos conferencias muy detalladas a la Academia Florentina sobre sus hallazgos, Galileo estuvo a favor de la descripción del Infierno de Manetti. Sin embargo, por su parte, el profesor de matemáticas claramente intentó presentar un caso inequívoco para su decisión.

El siguiente texto es un extracto de una de las conferencias de Galileo sobre el tema de la ubicación del Infierno.

> El tamaño y la profundidad del Infierno es tan grande como el radio de la tierra, y su boca, que es el círculo girado alrededor de Jerusalén, tiene un tamaño igual para su diámetro, porque debajo del arco de la sexta parte del círculo hay un acorde igual al radio. Pero deseando saber su tamaño con respecto al volumen total de la tierra y el agua, no deberíamos seguir la opinión de algunos que han escrito sobre el Infierno, que creen que ocupa la sexta parte del volumen, porque haciendo el cálculo de acuerdo según los métodos probados por Arquímedes en su libro Sobre la Esfera y el Cilindro, encontraremos que el espacio del Infierno ocupa un poco menos de 1/14 parte de todo el volumen; digo esto si ese espacio se extiende hasta la superficie de la tierra, lo cual no sucede: por el contrario, la boca permanece cubierta por una gran bóveda de tierra, cuya cumbre es Jerusalén y cuyo grosor es la octava parte. del radio, que es 405 [y] 15/22 millas ...
>
> [Los] niveles van dando vueltas y vueltas alrededor de la concavidad del Infierno; y el primero, el más cercano a la superficie de la tierra, es el Limbo; el segundo es aquel donde los sensuales son castigados; en el tercero se castiga a los glotones; en el cuarto a los pródigos y los avaros. El quinto nivel se divide en dos círculos, el primero de los cuales

incluye el pantano Estigio y los fosos alrededor de la ciudad, el lugar asignado a los dolores de los iracundos y los huraños; el segundo es la ciudad de Dite, donde se castiga a los herejes.

Y aquí uno debería señalar que por niveles no queremos decir lo que Dante llama círculos, porque proponemos que los niveles son distintos entre sí por una mayor o menor distancia desde el centro, que no siempre es el caso con los círculos, atestiguo que en el quinto nivel el Poeta coloca en el mismo nivel dos círculos. Pero debido a que el Poeta todavía llama círculos a los otros niveles, podemos decir que en total hay 9 círculos y 8 niveles. A continuación, sigue el sexto nivel y el séptimo círculo, el tormento de los violentos, que se divide en 3 anillos, llamados así por el autor.

Y aquí podemos notar la distinción que Dante hace entre círculos y anillos, los anillos son partes de los círculos, como este séptimo, dividido en 3 anillos de los cuales uno rodea al otro. Y el primero y el más grande en circunferencia, que es un lago de sangre, rodea al siguiente, que es un bosque de tocones, que rodea el tercer anillo, que es una llanura de arena...

Me parece que estos argumentos nos pueden convencer de lo mucho más plausible que es el Infierno de Manetti que el de Vellutello.[11]

Galileo calculó que el inmenso techo del Infierno no solo abarcaba Jerusalén, sino que también se extendía hacia el oeste hasta Marsella, Francia, y tan al este como Tashkent, Uzbekistán. Para que no colapsara sobre sí mismo, el matemático creía que el techo debía tener 600 kilómetros (373 millas) de espesor. Este segundo cálculo se determinó utilizando el famoso duomo de la Catedral de Florencia como referencia, ya que era una maravilla de la arquitectura contemporánea. Un duomo es un techo abovedado enorme, y este

---

[11] Galilei, Galileo. "Dos Conferencias en la Academia Florentina sobre la Forma, Ubicación y Tamaño del Inferno de Dante". 1588. Archivo Web.

duomo en particular se encuentra en la torre más alta de la Catedral de Florencia. Construido por Filippo Brunelleschi en la primera parte del siglo XV, la famosa cúpula mide entre treinta y sesenta centímetros (entre uno y dos pies) de espesor.

Irónicamente, Galileo pronto se dio cuenta de que sus cálculos eran incorrectos cuando descubrió la verdadera relación entre las dimensiones de un techo y su volumen. Sin embargo, en ese momento su trabajo con la Asamblea de Florencia había solidificado su nuevo trabajo en la Universidad de Pisa. No abordaría públicamente el error que había cometido hasta que hubieran pasado cinco décadas.

Capítulo 5 - Profesor en la Universidad de Pisa

Fue en una atmósfera de triunfo a la que regresó Galileo a la universidad en la que nunca se había graduado, aunque, por supuesto, el nuevo profesor llevaba con él el peso de su error no reconocido. El año después de su reunión con la Academia de Florencia, el científico recibió el prestigioso puesto de Presidente de Matemáticas en la universidad donde se había convertido en profesor.[12] El trabajo no estaba tan bien pagado como se podría suponer, pero la fama y la oportunidad de explorar las matemáticas a diario era todo lo que Galileo había soñado.

Tal y como ocurría con el comité designado para la Academia de Florencia, la Universidad de Pisa estaba muy bajo la autoridad y el liderazgo de la Iglesia católica. Los textos utilizados por los estudiantes y profesores, incluidos los que escribieron Galileo y sus colegas, tenían que ser aprobados por supervisores designados. La universidad era considerablemente gazmoña, con todos los esfuerzos científicos conforme a la aprobación del papa y sus asesores. Obligado a guardar su secreto sobre el error que había cometido al

---

[12] *Revista Británica de Medicina Deportiva.* "Galileo Galilei (1564-1642)". Web. Septiembre 2006.

calcular la visión de Dante de las nueve capas del Infierno, los planes de lecciones de Galileo se centraron en otros conceptos matemáticos y físicos.

Galileo estaba interesado en la forma en que las fuerzas del universo se desarrollaron sobre la Tierra, incluida la fuerza de gravedad aún no nombrada. Al aceptar que los planetas conocidos se movían alrededor del Sol, Galileo y otros científicos también postularon que había una fuerza de atracción entre los planetas y el Sol, una fuerza de atracción que también podría explicar por qué los objetos sueltos caían al suelo. En un famoso conjunto de experimentos observados por estudiantes de matemáticas en la Universidad de Pisa, Galileo decidió descubrir el efecto de la fuerza de atracción de la Tierra sobre objetos de diferentes masas.[13]

Para encontrar evidencias de cualquier diferencia entre las velocidades a las que diferentes elementos caían al suelo, Galileo diseñó un experimento que involucraba la caída de cuerpos de diferentes masas desde la cima de la Torre Inclinada de Pisa y registrando al que alcanzaba el suelo más rápido.[14] Fue de esta serie de experimentos que nuestras aulas modernas tomaron su lección de la pluma y el martillo, los cuales caen a la misma velocidad en ausencia de fricción.

Durante su permanencia en la Universidad de Pisa, Galileo acumuló suficientes datos sobre las reglas del movimiento físico para escribir su próximo libro, una serie de ensayos titulada De Motu Antiquiora (Los Escritos Más Antiguos sobre El Movimiento). El libro hace referencia a la información que había obtenido durante los experimentos realizados con estudiantes, incluidos aquellos en los que había arrojado cosas desde la Torre Inclinada, que se

---

[13] Hilliam, Rachel. *Galileo Galilei: Padre de la Ciencia Moderna (Gobernantes, Eruditos y Artistas de la Europa del Renacimiento).* 2004.

[14] Las referencias a estos experimentos físicos se encuentran en una biografía de Galileo escrita por uno de sus propios estudiantes, Vincenzo Viviani. Sin embargo, algunos historiadores debaten la veracidad de esta afirmación, creyendo que no fue sino hasta algunos años después que Galileo cimentó esta teoría en particular.

comparaban con las leyes conocidas sobre la física. En particular, comparó los resultados de sus experimentos sobre el movimiento con las ideas de Aristóteles. De hecho, Galileo descubrió que los cuerpos de diferentes masas caían a la misma velocidad, una observación que negaba la afirmación histórica de Aristóteles de que los objetos caen a una velocidad relativa a su masa. Su ley de los cuerpos que caen establece que los cuerpos en caída libre están en un estado constante de aceleración y, además, la distancia que recorre un cuerpo en caída es proporcional al cuadrado del tiempo transcurrido desde la caída.

De Motu Antiquiora nunca se publicó, aunque Galileo copió sus capítulos varias veces, los revisó y eventualmente cambió las formas literarias de un ensayo a un diálogo. Las últimas partes pueden haber sido escritas más tarde en su vida, ya que esta era la misma forma literaria que usó para escribir uno de sus últimos libros. Independientemente de cuándo se escribió cada capítulo, la colección no se publicaría hasta décadas después de su muerte. Sin embargo, obviamente era un libro importante para Galileo, el cual mantuvo con él hasta que murió.

Quizás a Galileo le preocupaba cometer el mismo error que antes y verse obligado a retractarse del contenido del libro. Cualquiera que fuera la razón por la que eligió no publicar sus hallazgos sobre objetos que caen, Galileo estaba seguro de impresionar a sus alumnos sobre la importancia de utilizar el método científico adecuado. Les explicaba que era necesario diseñar experimentos concisos que cualquiera pudiera repetir para lograr los mismos resultados. Siglos enteros antes de que la teoría formal del método científico fuera aceptada por la comunidad profesional, Galileo y algunos de sus contemporáneos conocían su valor. Por experimentación, creía, uno podía ensayar teorías para probarlas o refutarlas.

Es difícil decir exactamente por qué Galileo decidió dejar su prestigioso puesto en una de las universidades más acreditadas de Italia, pero es posible que se haya sentido sofocado por la omnipresencia de la Iglesia católica. Cuando Galileo se cansó de la Universidad de Pisa, afortunadamente no se moría por buscar otras opciones. Por lo tanto, no necesitaba mirar muy lejos para encontrar otro puesto académico. El joven tuvo la suerte no solo de haber nacido en una familia con medios e importancia, sino también de haber nacido en la cuna de los campos de las artes y la educación en expansión en Europa. Otra institución académica, a 285 kilómetros (177 millas) de distancia, se alegró de recibir al famoso Galileo Galilei, profesor de matemáticas, en sus salas: la Universidad de Padua.

Capítulo 6 – Universidad de Padua

Ubicada en el norte de la Italia continental, justo al otro lado del mar desde Venecia, durante el Renacimiento y la era de la Ilustración la Universidad de Padua recibía a muchos científicos de fama mundial a través de sus puertas. Después de haber sido una de las principales instituciones postsecundarias de Italia durante más de dos siglos antes de que Galileo pisara sus pabellones en 1592, la universidad del norte no solo era prestigiosa, sino que era un poco más liberal para la época.[15] Las ciudades de Padua y la vecina Venecia, al encontrase mucho más cerca de los países europeos vecinos, eran frecuentadas por muchos estudiantes internacionales, filósofos naturales e incluso teólogos no católicos.

Establecida en el siglo XIII y supervisada por la República de Venecia, la Universidad de Padua nunca había estado bajo la vigilancia del régimen católico. Incluso a finales del siglo XVI, en el apogeo de la Inquisición católica, Padua estaba lo suficientemente alejada de Roma y el Vaticano como para que el papa censurara sus lecciones. Nicolás Copérnico, uno de los astrónomos más eminentes de principios del siglo XVI, había asistido a clases en la escuela y allí recibió su doctorado en medicina. La universidad fue el hogar

---

[15] *Revista Británica de Medicina Deportiva*. "Galileo Galilei (1564-1642)". Web. Septiembre 2006.

del primer anfiteatro anatómico del mundo, ubicado en uno de los edificios de la universidad. La universidad también contaba con el primer jardín botánico del mundo, que se había construido en 1545.[16] Más aún, Galileo recibía tres veces el salario del que había recibido en Pisa por enseñar en Padua. Así comenzó, en palabras de Galileo, "el momento más feliz de mi vida"[17]. Padua, al igual que la Universidad de Pisa, tenía un programa académico dirigido principalmente a estudiantes que estudiaban para obtener un título en medicina. Aun así, Galileo se mantenía ocupado enseñando a esos estudiantes los principios básicos de las matemáticas superiores, que se referían principalmente a la geometría de Euclides y a los cálculos astronómicos estándar.

En ese momento, la astronomía era un factor importante en la profesión médica, ya que los horóscopos de los pacientes aconsejarían a los médicos sobre las enfermedades invisibles que afectaban a sus clientes. Dichos horóscopos se elaboraban para el lapso en que el paciente se enfermaba por primera vez. Luego, dependiendo de la fecha de nacimiento del paciente y la clasificación del zodiaco, el médico encontraría el tratamiento recomendado. La práctica estaba íntimamente interconectada con la creencia clásica de los cuatro humores del cuerpo, que los médicos intentaban equilibrar para restablecer la salud de uno. Debido a su estrecha asociación con el campo de la medicina, Galileo probablemente discutiría los horóscopos diariamente con sus estudiantes y colegas y él mismo creía en ellos.

De hecho, una vez que se mudara a Padua, Galileo comenzó a aceptar clientes privados y a calcular sus horóscopos para ganar dinero extra fuera del salario que recibía como profesor. En el siglo XVI, el horóscopo de un individuo se consideraba muy importante, no solo por su relevancia para los asuntos médicos, sino también por su capacidad percibida para pronosticar el futuro de uno. La

---

[16] UNESCO.

[17] Ibid.

habilidad de un matemático y un astrónomo para elaborar su horóscopo era vista como una habilidad increíblemente valiosa y aterradora. En realidad, era ilegal elaborar el horóscopo de un miembro de la familia real. A menos que el monarca se lo indicara directamente; estaba estrictamente prohibido buscar en las estrellas la fecha de la muerte de un rey o una reina.

La otra parte principal de los planes para las lecciones de Galileo fueron los trece textos del antiguo matemático griego, Euclides. Los libros de Euclides se llamaban Elementos, y eran textos primarios utilizados en la Europa del Renacimiento. Elementos se centra en la geometría, pero también contiene teoremas y pruebas relacionadas con los números primos, los algoritmos y la trigonometría. Había mucho contenido en los textos de Euclides como para que Galileo profundizara en ellos, pero, por supuesto, su creciente pasión era la astronomía.

En una época en que se consideraba que los filósofos griegos estaban a la vanguardia de sus estudios, los puntos de vista de Aristóteles sobre astronomía eran los que más se enseñaban. Sin embargo, Galileo descubrió que las teorías de su predecesor sobre la física y los cuerpos celestes estaban llenas de equivocaciones. Mientras que Aristóteles había enseñado a sus estudiantes que la materia que comprende la Tierra y los cielos era diferente, Galileo creía que tenían más en común que diferencias. Galileo también era un no creyente en la teoría de Aristóteles de que la materia similar atraía a otra materia similar, del mismo modo en que el humo era atraído al cielo porque se parecía más al aire que a la tierra.

No fue solo la libertad académica y la capacidad de cuestionar a los griegos lo que Galileo encontró en Padua y Venecia, sino también la libertad social. Comenzó una relación romántica con Marina Gamba, una mujer que le dio tres hijos ilegítimos. En su época, Galileo no era el único en tener una relación de este tipo, y aunque Marina hubiera estado mal considerada por ser vista en público con Galileo (dado su aparente bajo rango en la escala social), el profesor no habría sido considerado un mal católico por la mayoría de sus contemporáneos. Sus tres hijos con Marina nacieron en 1600, 1601 y 1606, y se llamaron Virginia, Livia y Vincenzo, respectivamente.

Sin embargo, aunque ninguno de los registros de nacimiento de los hijos menciona a Galileo como el padre, fue y sigue siendo considerado el único candidato. Marina incluso podría haber estado viviendo en la casa de Galileo en Padua, lo que habría sido en ese entonces, un acuerdo inusual entre amantes solteros. Sin embargo, los registros de nacimiento de Virginia y Livia están en blanco donde generalmente se escribe el nombre del padre, y en el de Vincenzo, dice "padre desconocido". Sin embargo, Galileo se preocupaba por sus hijos y su amante como si todos fueran legítimos, incluso yéndose a fuera para obtener ingresos adicionales escribiendo horóscopos después que nacieran sus hijos.

Desafortunadamente, con la fama y estima llegó al ojo crítico más estrecho de la Iglesia católica. Menos de una década después de que Galileo se mudara de Pisa a Padua, comenzó a enfrentar peligrosas acusaciones de miembros del clero sobre esos horóscopos que estaban en el centro de sus ingresos.

Capítulo 7 - La Inquisición Católica

En la Europa del siglo XVI, no importa dónde uno viviera o trabajara, la Inquisición católica nunca estaba demasiado lejos. La Inquisición era un conjunto de organizaciones dentro de la Iglesia católica cuyo objetivo era combatir la blasfemia. La Inquisición comenzó en el siglo XII en Francia para combatir grandes diferencias religiosas en la población, y los inquisidores especiales del grupo generalmente eran elegidos de la Orden Dominicana de la Iglesia católica. Antes y durante el Renacimiento, la idea y el alcance de la Inquisición se extendieron fundamentalmente a la luz de la Reforma Protestante, cerrando el círculo en la Inquisición española provincial y la Inquisición portuguesa. Estas se extendieron hasta partes de África, Asia y las Américas.

Aunque era cierto que los europeos que vivían más lejos de Roma o España tenían más probabilidades de que la Iglesia católica no los molestara, ningún lugar era completamente seguro. Para entonces, incluso en la ciudad liberal de Padua, Galileo tenía críticos que creían que sus métodos para crear horóscopos eran heréticos. El 22 de abril de 1604, la Inquisición católica presentó una acusación formal contra Galileo Galilei. Fue acusado de "haver ragionato che le stelle, i pianeti at gl'influssi celesti needitino". En esencia, el cargo significaba que Galileo estaba acusado de practicar la astronomía determinista, la cual estaba prohibida por la Iglesia.

La acusación parecía provenir de un empleado de la casa de Galileo, un hombre llamado Silvestro Pagnoni. Trabajando para Galileo como asistente, Silvestro se quejó en la sede local de la Inquisición de que su jefe estaba en malos términos con su propia madre por tener una amante y tres hijos bastardos en su casa. Silvestro también afirmó que Galileo no asistía a misa católica obligatoria y que estaba realizando astronomía determinista para sus ricos clientes.

La astronomía determinista se fundaba en la idea de que todo lo que sucedía en la Tierra ya se había determinado cuando comenzó el universo. Practicar dicha forma de astronomía, al menos en términos de los horóscopos, significaba que el astrónomo creía que todas las cosas estaban escritas metafóricamente en las estrellas. Hasta cierto punto, la Iglesia condonaba encontrar respuestas en el movimiento de las estrellas, pero aceptar que todas las cosas estaban predeterminadas era algo que el clero no podía hacer. La idea misma contradecía la parte de la Biblia que afirmaba que Dios había dado a sus criaturas el libre albedrío para hacer lo que ellas decidieran.

Galileo, a pesar de su persistente catolicismo, creía que se podía encontrar información en las estrellas y, por lo tanto, ciertas verdades del mundo y la vida en él habían sido predeterminadas. Silvestro mismo fue interrogado por la Inquisición, y aunque parece claro que le desagradaba mucho su empleador, declaró que no tenía conocimiento de ninguna herejía específica cometida por Galileo. Aunque el científico fue interrogado personalmente por las acusaciones, en última instancia, el cargo no fue solicitado por los tribunales superiores, y nunca fue al Santo Oficio en Roma. Afortunadamente para Galileo, la Iglesia no deseaba comenzar un problema con la escuela de Padua. Todo este asunto se pasó por alto durante siglos hasta que un Fraile Franciscano y el profesor Antonino Poppi encontraron la primera convocatoria. Poppi encontró estos registros en los documentos de Sartori en Padua en 1990, incorporando dos vilipendios jurados en los Archivos del Estado Veneciano.[18]

Por supuesto, no es sorprendente que Galileo no quisiera anunciar su enredo con la Inquisición, aun sabiendo que su caso fue abandonado. Una vez que las vergonzosas preguntas llegaran a su fin, el profesor reorientó sus energías al trabajo que realizaba aparte de los horóscopos. 1604 fue un año ocupado para él; inventó una máquina elevadora de agua para usar en la finca Contarini en Padua, experimentó con la caída de cuerpos en planos inclinados y visitó al duque de Mantua en busca de un empleo más lucrativo.

En ese momento Vincenzo Gonzaga era el duque de Mantua, y, sin duda, fue un benefactor estándar de los estudios técnicos y las artes. A decir verdad, sus gastos habían puesto a la otrora ciudad pujante en problemas monetarios. Después de haber sido asesorado por Giuseppe Moletti, precursor de Galileo como Presidente de Matemáticas en la Universidad de Padua, Mantua se alegró de ofrecerle al candidato un puesto en su corte. A Galileo se le ofreció una compensación de 300 ducados por cada año en la corte de Mantua, además de los costos diarios para él y un asistente. Sin embargo, su sueldo en la Universidad de Padua ya era de 320 ducados, y también le pagaban por sus trabajos externos y los estudiantes pupilos. Intentando negociar un mejor trato, Galileo solicitó una compensación de 500 ducados con una cuenta comercial para él y sus asistentes. No se pudo llegar a un acuerdo, por lo que Galileo permaneció en Padua.

Ese diciembre, observó un nuevo fenómeno en el cielo que influiría en gran medida en su trabajo del año.[19]

---

[18] Kollerstrom, Nicolas. "Astrología de Galileo". *Fundación Canaria Orotava de Historia de la Ciencia.* Web.

[19] "Cronología de Galileo". *El Proyecto Galileo.* Web.

Capítulo 8 - La Estrella de Kepler

Galileo no fue el primer astrónomo en Europa en ver la supernova de 1604; de hecho, ni siquiera fue el primero en Padua. Por cierto, el concepto moderno de una supernova aún no se había inventado, ya que Galileo y sus contemporáneos no sabían nada de las inevitables explosiones de las estrellas del universo. El primer científico del continente en observar la supernova y documentar su aparición fue Lodovico delle Colombe de Florencia, aunque el cuerpo astral se conocería como la Estrella de Kepler. Johannes Kepler, un eminente astrónomo alemán, comenzó a observar la estrella explotada y a rastrear su viaje a principios de octubre de 1604, y fue debido a su estudio detallado que el fenómeno recibió su nombre.

La nueva estrella se podía ver a simple vista, y existen registros contemporáneos de su avistamiento en fuentes chinas, árabes y coreanas. La estrella de Kepler brilló más que cualquier otra estrella durante las primeras semanas de su descubrimiento, incluso destelló visiblemente durante todo el día durante más de catorce días. El misterioso objeto brillante causó una gran sensación entre la comunidad científica en Padua y Venecia, y Galileo fue invitado a dar una serie de conferencias sobre el tema.

En esas conferencias, que tuvieron lugar en la sala de la Universidad de Padua, Galileo le dijo a su audiencia que la nueva estrella era pequeña al principio, pero que crecía rápidamente en tamaño hasta que era más grande que todas las otras estrellas en el cielo. Con la excepción de Venus, era incluso más grande que los planetas de nuestro sistema solar. La nueva estrella brillaba, pareciendo roja cuando estaba en su punto más oscuro y dorada en su punto más brillante. Galileo dijo: "Por lo tanto, alguien podría conjeturar razonablemente que fue generada por el abrazo de Marte y Júpiter, tanto más que pareció nacer en el momento de su encuentro, que tuvo lugar en presencia de Saturno a las 5 de la tarde del 9 de octubre"[20].

Las conferencias fueron un gran éxito, pero existió una controversia entre los científicos que habían ayudado a Galileo a sacar sus conclusiones. Al hacer sus grandes presentaciones día tras día en una sala abarrotada, el astrónomo no había dado crédito a sus colegas, a saber, Baldassarre Capra. Capra había estado presente la noche del 4 de octubre para observar el surgimiento de la nueva estrella, y fue en colaboración con Capra que Galileo pudo completar muchos de los detalles de sus conferencias.

Las afirmaciones de Capra continuaron después de que la serie de conferencias llegaran a su fin, y evidentemente, Galileo no hizo ningún intento real de disculparse o incluso darle a su colega una parte del crédito por descubrir la nueva estrella. Al año siguiente, Capra publicó un ensayo en el que explicaba que Galileo no podría haber visto la gran conjunción de los planetas en octubre anterior porque, en Padua, el cielo estaba nublado. Galileo respondió del mismo modo, publicando su propio tratado sobre el incidente. La afirmación de Galileo fue que le había agradecido adecuadamente a Capra y a otros colegas la noche de la primera conferencia, y que, además, era menos importante quién vio primero a la estrella que quién hizo las suposiciones más correctas sobre sus propiedades físicas.

---

[20] Editado por M. Turatto, S. Benetti, L. Zampieri, and W. Shea. "Galileo y la Supernova de1604". *1604-2004: Supernovas como Faros Cosmológicos, serie de conferencias de la SAP, vol. 342, Actas de la Conferencia Celebrada del 15 al 19 de junio de 2004 en Padua, Italia.* San Francisco: Sociedad Astronómica del Pacífico, 2005.

Para Galileo, la interpretación de los datos era el objetivo principal. Supuso, utilizando los datos recopilados por Capra y otros científicos de toda Europa, que la nueva estrella estaba más distante que la Luna. Para ilustrar su argumentación, utilizó el concepto de paralaje. Los astrónomos estiman la longitud exacta de los objetos vecinos distantes utilizando un procedimiento denominado paralaje estelar. En otras palabras, miden el movimiento aparente de una estrella desde el fondo de estrellas distantes, ya que la Tierra gira alrededor de la luz solar. Un buen ejemplo de paralaje es cómo parece moverse la ubicación de un objeto cuando se cierra un ojo.

Decir que la Estrella de Kepler estaba más distante que la Luna significaba que pertenecía al reino de las estrellas distantes, pequeñas y aparentemente inmóviles más allá de nuestro sistema solar. Johannes Kepler estuvo de acuerdo, lo que significaba que ambos científicos famosos estaban desafiando directamente la antigua creencia de Aristóteles de que las estrellas lejanas eran inmutables y estaban fijas para siempre en su lugar. Si Aristóteles estaba en lo correcto, no había lugar para ningún objeto nuevo a tal distancia de la Tierra. Galileo se sorprendió de cómo podría haber surgido una estrella así, obviamente bastante diferente de las estrellas normales.

Una de sus teorías era que una gran cantidad de vapor había escapado de la Tierra y se había reunido en el cosmos distante. Postuló que enormes nubes de humo podrían elevarse hacia el cielo desde un fuego de leña sin disminuir el tamaño de la madera; por lo tanto, tal vez la Tierra podría emitir dichos vapores sin perder gran parte de su propia masa. Ansioso por encontrar la respuesta, Galileo consultó el trabajo de Tycho Brahe, el recientemente fallecido empleador de Kepler y el principal astrónomo detrás del increíble laboratorio de la isla Uraniborg. Brahe había sido el primero en registrar un evento similar (también una supernova) en 1572.[21] El trabajo de Brahe fue esclarecedor, pero Galileo dudó en sacar conclusiones sólidas sobre la Estrella de Kepler. Como siempre, llevaba consigo la noción de sus afirmaciones erróneas sobre el techo del Infierno era extremadamente cauteloso para no volver a cometer dichos errores.

En 1606, delle Colombe imprimió el *Discurso de Lodovico delle Colombe*, en el que postuló que la estrella no era un cometa que pasaba ni era "nueva". Delle Colombe defendió una opinión aristotélica de la cosmología que Galileo ya había cuestionado en sus conferencias y en sus propios escritos, sugiriendo que la estrella había estado presente en el cielo todo el tiempo; simplemente había sido demasiado oscura para verla. Irónicamente, esto era bastante cierto, ya que fue solo por la explosión que la Estrella de Kepler se volvió lo suficientemente brillante como para observarla en el cielo. Los bandos competitivos aristotélicos y copernicanos continuaron especulando, y al hacerlo, Galileo y Johannes Kepler encontraron mucho que discutir a través de las cartas que intercambiaban con frecuencia.

---

[21] Editado por M. Turatto, S. Benetti, L. Zampieri, y W. Shea. "Galileo y la Supernova de1604". *1604-2004: Supernovas como Faros Cosmológicos, serie de conferencias de la SAP, vol. 342, Actas de la Conferencia Celebrada del 15 al 19 de junio de 2004 en Padua, Italia.* San Francisco: Sociedad Astronómica del Pacífico, 2005.

Capítulo 9 – Galileo y Johannes Kepler

Galileo Galilei fue, sin duda, uno de los científicos más eminentes de la época, pero estaba lejos de ser la única persona en Europa que buscaba en los cielos, hacía cálculos elaborados y afinaba las herramientas de su profesión. De hecho, entre los siglos XVI y XIX, cientos de mentes asombrosas contemplaron los interrogantes de su mundo e incluso formaron clubes mediante los cuales podían seguir los experimentos y teorías de los demás.

A pesar de estar separados por una multitud de estados y pequeños principados, los científicos de mentes similares forjaron lazos durante el Renacimiento. Para Galileo Galilei, quizás una de las personas más importantes de su red fue Johannes Kepler, un hombre con el que Galileo mantuvo una correspondencia regular. Kepler no solo fue el científico responsable de compilar la recopilación de datos más solicitada sobre la supernova de 1604, sino que también trabajó con el astrónomo y científico más famoso de Dinamarca, Tycho Brahe, en el castillo de ciencias financiado por la realeza en una isla aislada frente a la costa de Dinamarca, llamada Uraniborg. El decadente observatorio de Brahe y los laboratorios adyacentes fueron una gran atracción para los científicos prominentes de Europa.

En los últimos años del siglo XVI, Kepler se convirtió en asistente astronómico de Tycho Brahe y los dos trabajaron juntos para hacer observaciones detalladas y constantes del movimiento del Sol, la Luna, las estrellas y los planetas. Otros científicos visitaron Uraniborg regularmente para verificar la inmensa riqueza de datos que Brahe y sus asistentes habían recopilado, así como para reunirse con sus pares. Kepler luchó para unificar sus creencias con las de su empleador, pero a pesar de la diferencia de opinión, trabajar como asistente de Brahe lo acercó a otros miembros establecidos de la industria.

Después de la muerte de Brahe en 1601, Kepler finalmente pudo examinar cada pieza de filosofía natural y datos astronómicos que Brahe había monopolizado, incluido gran parte del trabajo de Copérnico. Esto fue una gran bendición para los estudios de Kepler mismo, que había apoyado el modelo copernicano de un universo heliocéntrico; incluso se ha especulado que Kepler envenenó a su empleador para tener acceso a este tesoro de documentos, pero no hay evidencia sustancial para demostrar que esto sea cierto. Su antiguo colega, Brahe, no se había suscrito al mismo modelo, en lugar de plantear la hipótesis de que el Sol orbitaba alrededor de la Tierra, creía que todos los demás planetas orbitaban alrededor del Sol. Finalmente, bajo la sombra de Tycho Brahe, Johannes Kepler pudo ver que sus propias ideas ganaban terreno en las comunidades científicas de Europa.

En la mente de Kepler, el Sol yacía en el medio de todo. No era una forma completamente nueva de mirar las cosas, ya que el filósofo griego del siglo III a. C., Aristarco, había escrito la misma idea mucho antes. Pero incluso en la época de Galileo y Kepler, no pudo imponerse. Kepler estaba frustrado porque el clima político no le permitía publicar sus teorías sin temor a una violenta represalia, un sentimiento que Galileo conocía demasiado bien. Los dos astrónomos mantuvieron una correspondencia regular sobre el tema, y Kepler instó a su amigo a buscar fuera de Italia un lugar para publicar sus teorías sin ningún riesgo de ser investigado por herejía. Si Galileo expresara sus ideas en forma más clara, insistía su amigo,

Kepler prestaría su propio nombre a la aventura. Ambos esperaban que juntos pudieran cambiar el rumbo de la astronomía y cambiar la forma en que el mundo contemporáneo veía el universo.

[Carta de Galileo a Kepler, 1597]

> *Al igual que vos, acepté la posición copernicana hace varios años y descubrí desde allí las causas de muchos efectos naturales que sin duda son inexplicables por las teorías actuales. He escrito muchas de mis razones y refutaciones sobre el tema, pero no me he atrevido hasta ahora a revelarlas, siendo advertido por la fortuna del propio Copérnico, nuestro maestro, quien consiguió fama inmortal entre unos pocos, pero renunció entre la gran multitud (porque los necios son numerosos), solo para ser ridiculizado y deshonrado. Me atrevería a publicar mis pensamientos si hubiera muchos como vos; pero, dado que no los hay, me abstendré.[22]*

[Kepler a Galileo, 1597]

> *Solo podría haber deseado que vos, que tenéis una visión tan profunda, eligieseis otra forma. Nos aconsejáis, con vuestro ejemplo personal, y de manera discretamente velada, que nos retiremos ante la ignorancia general y que no nos expongamos o nos demos por vencidos para oponernos a los violentos ataques de la horda de eruditos (y en esto vos seguís a Platón y Pitágoras, nuestros verdaderos perceptores). Pero después de que se haya comenzado una tarea tremenda en nuestro tiempo, primero por Copérnico y luego por muchos matemáticos muy eruditos, y cuando la afirmación de que la Tierra se mueve ya no puede considerarse algo nuevo, ¿no sería mucho mejor tirar de la carreta a su objetivo con nuestros esfuerzos conjuntos, ahora que la hemos puesto en marcha, y gradualmente, con voces poderosas, para gritar a la manada común, que realmente no*

---

[22] De Santillana, George. EL CRIMEN DE GALILEO. 1955.

pesan los argumentos con mucho cuidado? Así, tal vez por listeza podamos llevarlos al conocimiento de la verdad. Con vuestros argumentos, al mismo tiempo ayudaríais a nuestros camaradas que soportan tantos juicios injustos, ya que obtendrían consuelo de vuestro acuerdo o protección de vuestra posición influyente. No son solo vuestros italianos los que no pueden creer que se mueven si no lo sienten, sino que nosotros, en Alemania, tampoco nos queremos con esta idea. Sin embargo, hay maneras en que nos protejamos contra estas dificultades... Tened ánimo, Galileo, y salid a la luz pública. Si juzgo correctamente, solo unos pocos matemáticos distinguidos de Europa se apartarían de nosotros, tan grande es el poder de la verdad. Si Italia os parece un lugar menos favorable para vuestra publicación, y si allí encontrareis dificultades, tal vez Alemania nos permita esta libertad. [23]

Kepler examinó minuciosamente los datos copernicanos existentes, así como los datos nuevos, y los comparó con la teoría copernicana. Los datos parecían sostenerse, tal como Galileo también había observado en Italia, pero este último no publicaría un libro fundamental sobre el tema hasta 1610. Por otro lado, Kepler era un poco más temerario sobre sus teorías científicas, probablemente porque vivía en la parte del Sacro Imperio romano que se convertiría en Alemania, un lugar en el que gobernaba el protestantismo. Inicialmente, los protestantes estuvieron menos preocupados que la Iglesia católica por las obras potencialmente controvertidas de los científicos, ya que sus problemas principales tenían que ver con la teología. Antes de que cualquiera de estos científicos se atreviera a hablar abiertamente sobre su apoyo al modelo copernicano, decidieron escribir sobre su trabajo con un invento completamente nuevo: el telescopio.

---

[23] De Santillana, George. EL CRIMEN DE GALILEO. 1955.

Capítulo 10 – El Mensajero Estelar

La invención del telescopio refractario en 1607 se le ha atribuido a varias personas, incluyendo al mismo Galileo.[24] Sin embargo, la mayoría de los eruditos están de acuerdo en que el verdadero inventor fue Hans Lippershey. Hans era un fabricante holandés de anteojos que solicitó una patente para el telescopio, que se describía como una herramienta "para ver las cosas a lo lejos como si estuvieran cerca"[25]. Aunque Lippershey es evidentemente el primer óptico acreditado con la solicitud de una patente. por lo que es claramente un telescopio básico, no se le otorgó la patente. La base del rechazo de la patente de la oficina de los Países Bajos fue que solo unas semanas después de la solicitud de Lippershey, otro óptico holandés, Jacob Metius, solicitó una patente con un diseño similar. Al creer que la tecnología ya era de dominio público, la oficina de patentes rechazó ambas solicitudes.

Rápidamente, la invención se convirtió en una fascinación para muchos artesanos de lentes en toda Europa. Muchos científicos que no tenían experiencia previa en pulido o pulido de lentes de vidrio se dedicaron a esta afición para poder trabajar en sus propias

---

[24] Parker, Steve. *La Ciencia de la Luz.* 2013.

[25] "Telescopes". *SAO Bologna.* Web.

herramientas de aumento, incluido Galileo Galilei. La fascinación de Galileo con el instrumento original inventado por Lippershey condujo a muchos avances y usos modernos del telescopio. Documentó los cambios que realizó en el modelo original y escribió sobre las diversas formas en que usó el instrumento mejorado en *Siderius Nuncius* (traducido como Mensajero Sideral o Mensajero Estelar), un libro publicado en 1610. El libro describía los métodos con los que Galileo adoptó El catalejo de Hans Lippershey y lo modificó para ampliar objetos hasta treinta veces su tamaño real. Galileo también describió los objetos que miraba a través del conjunto mejorado de lentes de aumento, y señaló las diferencias que encontró entre la realidad y la teoría común sobre su naturaleza física. El instrumento era innovador, pero hasta entonces, solo se había utilizado para ampliar objetos y distancias terrestres. Sin embargo, Galileo tenía una idea diferente para su telescopio y, por lo tanto, lo apuntó al cielo hacia la luz de las estrellas. Aparentemente el primer astrónomo registrado en hacerlo, las observaciones de Galileo del cielo nocturno lo llevaron a una conclusión importante: la Tierra no era el único planeta en el universo.

Las cosas que vio en el cielo nunca habían sido observadas antes por ningún ser humano en la historia, y deben haber sido bastante impactantes. Primero, inspeccionó la Luna. La creencia común sostenía que la superficie de la Luna debía ser perfectamente lisa y calma, como lo eran todos los objetos en el cielo, ya que comprendían los espacios del cielo cristiano. Sin embargo, a través de su lente ocular, Galileo vio que la Luna estaba llena de tierra accidentada e inmensos cráteres, exactamente lo contrario de lo que esperaba ver.

Usando su telescopio, Galileo miró a la Luna, de la cual solo podía ver aproximadamente un cuarto a la vez, debido al pequeño diámetro del instrumento. Estaba emocionado y conmocionado al descubrir que la superficie de la Luna no era lisa, como se suponía, sino que estaba cubierta de cráteres, colinas y valles. Este iba a ser el primer gran descubrimiento astronómico de muchos. Usando su telescopio posterior de treinta aumentos, Galileo también pudo observar los planetas de nuestro sistema solar. Era el 7 de enero de 1610, cuando vio por primera vez tres pequeñas estrellas rodeando a Júpiter.[26] Aunque una estaba al oeste de Júpiter y las otras al este, la siguiente noche, Galileo encontró las tres estrellas al oeste del planeta. Pronto, descubrió un cuarto miembro del grupo, y se dio cuenta de que no había encontrado estrellas, sino una colección de lunas que orbitaban alrededor de Júpiter. Estas eran Io, Ganímedes, Calisto y Europa.

Al girar sus constituciones hacia Venus, Galileo también pudo documentar las fases del planeta. Se parecían mucho a las de la Luna, lo que sugería que Venus orbitaba alrededor del Sol, no de la Tierra; esta última es una teoría planteada por Tycho Brahe, Copérnico y Johannes Kepler. La evidencia de que la Tierra no era el centro del universo se estaba acumulando, y debió haber sido un momento fascinante para Galileo, aunque a la vez aterrador, ya que se habría preocupado por las repercusiones de tales descubrimientos. Sin embargo, publicó sus descubrimientos y nombró a las lunas jovianas "*Cosmica Sidera*" o "Estrellas de Cosimo", en honor a Cosimo II de Medici, el actual Gran Duque de Toscana.

Dado que el libro de Galileo proponía que las lunas recién descubiertas de Júpiter debieran llamarse así por Cosimo II de Medici, la carta astronómica de nacimiento del duque fue un agregado importante al manuscrito. Fue un gesto grandioso pero lógico, ya que los Medici seguían siendo los mecenas más poderosos de Florencia, y el planeta Júpiter estaba asociado con la realeza. Galileo ciertamente no tuvo reparos en halagar a sus poderosos amigos y mecenas, y probablemente fue esta tendencia la que lo mantuvo en repetidas ocasiones fuera del alcance de las peligrosas garras de la Inquisición católica. Con la familia de Medici completamente del lado de Galileo, principalmente cuando, por sugerencia de Cosimo, Galileo cambió el nombre de sus lunas a "Medicea Sidera", probablemente se sintiera mucho más seguro de poder continuar su trabajo de demostrar que la teoría copernicana del

---

[26] Plotner, Tammy. "¿Qué es el Telescopio de Galileo?". *El Universo Hoy*. Web. 13 de julio de 1016.

universo era la correcta. Irónicamente, los nombres que se dieron a estas lunas recién descubiertas fueron elegidos por Simón Marius, un astrónomo alemán que hizo el mismo descubrimiento casi al mismo tiempo que Galileo.

Si no hubiera mejorado el telescopio refractante de Lippershey, Galileo, Simon Marius y otros astrónomos nunca podrían haber llegado a conclusiones tales como las presentadas en Siderius Nuncius. El telescopio refractante original de Lippershey usaba dos lentes colocadas a una distancia entre sí dentro de un largo cañón para producir una vista ampliada, y Galileo copió este método durante su primer trabajo con lentes. Llevó a cabo una serie de experimentos utilizando varias curvas y tamaños de lentes, y en realidad aprendió el oficio de dar forma al vidrio para crear lentes para sus requisitos precisos.

Minuciosamente, Galileo lijaba y pulía lentes convexas y cóncavas en un intento por aprender cómo funcionaban mejor juntas para afinar la línea de visión. El telescopio original presentaba al espectador una imagen al revés debido a cómo interactuaban una lente curva convexa y otra cóncava, al igual que el ojo humano. El telescopio original presentaba una imagen al revés al espectador debido a cómo interactuaban una lente curva convexa y otra cóncava, al igual que el ojo humano. En sus experimentos, Galileo descubrió cómo usar una pieza de vidrio bi-curvada para corregir la imagen final y hacerla más fácil de usar.

Una de las características clave de esos primeros telescopios era la longitud, ya que cuanto más separadas estaban las dos lentes, era posible un mayor aumento. El primer telescopio terminado de Galileo medía casi un metro (tres pies) de largo y fue construido con madera y cuero. La ventana de visualización tenía solo 2 milímetros (0,08 pulgadas) de ancho, por lo que el instrumento solo podía aumentar un área pequeña a la vez.[27]

---

[27] Ibid.

Los telescopios por los que Galileo se hizo famoso fueron construidos con una lente bicóncava en el ocular y una lente planoconvexa dentro del instrumento. Debido a las formas de estas delicadas piezas de vidrio, así como a la distancia entre ellas, se logró un mayor aumento de lo que había sido posible con las lentes de una cara de Lippershey (que abarcaban tanto curvas convexas como cóncavas). En solo unos años, el telescopio se convertiría en el instrumento principal de los astrónomos de todo el mundo. Gracias a los diseños del mismo Galileo, los científicos pudieron recopilar datos que fueron más precisos y detallados que nunca.

Capítulo 11 - Galileo se Encuentra con el Papa Pablo V

Galileo sabía muy bien que presentar hallazgos astronómicos que desafiaran directamente a aquellos de la Iglesia católica era peligroso y, sin embargo, no podía evitar su naturaleza inquisitiva. Al aprender los secretos del universo, también aprendió a mantenerse neutral sobre el tema del heliocentrismo versus el geocentrismo. Sin embargo, buscaba constantemente a un mecenas que apoyara sus verdaderas creencias y le permitiera publicar sin temor a las críticas y la persecución religiosa.

Dado que el deseo de apoyo de Galileo se centraba en la Iglesia católica, decidió enfrentarse a la iglesia cara a cara. A principios del siglo XVII, eso significaba reunirse con el papa Pablo V. Pablo V era un líder intransigente cuyo tema principal era la conexión de los asuntos de la iglesia y el estado. Hacía cumplir rigurosamente las reglas de su iglesia, lo que llevó a una serie de disputas con múltiples ciudades y estados. La disputa con la ciudad independiente de Venecia en 1606 fue uno de los acontecimientos más serios de su papado, resultando casi en una guerra europea a gran escala. Con la intención de captar a Venecia dentro del poderoso control del Sacro Imperio romano, Pablo V no podía colocar su autoridad más arriba que la del gobierno de la ciudad, lo cual lo deprimía enormemente.

También tenía preocupaciones internacionales. En 1606, algunos católicos en Inglaterra fueron ejecutados, incluida la bien conocida figura de Guy Fawkes, por su papel en lo que se conoce como la Conspiración de la Pólvora. Esta fue motivo de especial preocupación para el papa, ya que hasta ese momento Inglaterra había sido un país protestante durante casi un siglo y la fallida Conspiración de la Pólvora no solo vilipendiaba a los católicos marginados del país lejano, sino que también significaba que la revolución organizada de esos mismos católicos había ha fallado.

La Conspiración de la Pólvora, también llamada la Traición Jesuita, fue un plan infructuoso de los católicos ingleses provinciales para asesinar al rey protestante Jacobo I. Los católicos ingleses involucrados en la organización secreta de la trama estaban dirigidos por Robert Catesby. Su acuerdo era hacer estallar la Cámara de los Lores durante la apertura estatal del Parlamento el 5 de noviembre como el preludio de nuevas acciones revolucionarias planeadas en las tierras inglesas de las Midlands. Durante la segunda parte de la revuelta, la hija de nueve años del rey Jacobo, Isabel, debía ser presentada como la nueva jefa de estado católica. Catesby pudo haber establecido este plan después de que los intentos de sus compañeros católicos de negociar con el rey Jacobo hubieran fracasado, dejando a numerosos católicos ingleses desilusionados con la idea de que no habría renovación del catolicismo en el país.

El complot fue descubierto a las autoridades locales por una carta enviada a William Parker, cuarto barón de Monteagle, a finales de octubre. La carta era anónima pero efectiva. Parker puso en marcha acontecimientos que llevaron a una incursión en la Cámara de los Lores el cuarto día de noviembre, un día antes de que se programara la Conspiración de la Pólvora. Guy Fawkes fue encontrado allí, custodiando 36 barriles de polvo negro explosivo, lo que habría sido suficiente para diezmar hasta escombros la Cámara de los Lores. La mayoría de los conspiradores de la trama huyeron de la capital de Inglaterra cuando se enteraron de la captura de Guy Fawkes, pero mientras corrían, todavía intentaron reclutar más apoyo para su causa.

Unos pocos miembros de la trama no descubiertos permanecieron en Londres, reteniendo al Alguacil de Worcester y a sus hombres, pero no duraron mucho. Durante la pelea que siguió, Robert Catesby fue asesinado y otros ocho fueron arrestados. En una fecha posterior, en la corte, los conspiradores capturados fueron declarados culpables de traición y fueron condenados a ser ahorcados, sus cuerpos retirados y descuartizados.

Es comprensible que la noticia preocupara al papa Pablo V, quien declaró públicamente que la obra de los revolucionarios católicos ingleses era nada menos que la obra de Dios. Como todos los papas católicos desde el reinado del rey inglés Enrique VIII, el papa se sentía frustrado de que Inglaterra se negara a volver a la Iglesia. Creyendo que solo su religión era válida y verdadera, el papa no condenaría las acciones de los hombres cuyo objetivo final era el restablecimiento o la protección de la fe católica.

Cuando se encontró con Galileo Galilei en 1616, las continuas repercusiones de estos acontecimientos seguían pesando sobre la mente del papa Pablo V. Galileo esperaba utilizar la reunión para defender su creencia en la teoría copernicana del heliocentrismo, que los clérigos tendían a ver como herejía. El papa no estaba entusiasmado con la teoría, pero sabía que Galileo era un católico de buena reputación y, por lo tanto, decidió no centrar mucha atención en el tema. Pablo V hizo que su asistente, el cardenal Robert Bellarmine, se ocupara del asunto para que él pudiera atender las preocupaciones más urgentes.

El cardenal Bellarmine recibió instrucciones de ordenarle a Galileo que no debía anunciar personalmente su apoyo a la teoría copernicana. El tema no estaba fuera de los límites, Galileo estaba seguro; sin embargo, se esperaba que no lo enseñara como verdad ni que le dijera a nadie que el copernicanismo era su modelo mundial preferido. A través del cardenal Bellarmine, el papa aseguró a Galileo que la Inquisición católica no lo juzgaría ni perseguiría simplemente por enseñar una variedad de cosmovisiones, y eso era lo mejor que Galileo podía esperar dado el ambiente político y religioso de la época. Solicitó una copia impresa de esa promesa por escrito y la recibió en forma de una carta escrita por el cardenal.

Galileo mantuvo esa carta segura por el resto de su vida. El papa Pablo V regresó a toda prisa al tema que consideraba más importante: la revolución del catolicismo contra el protestantismo en todas partes de Europa.

Capítulo 12 - La Inquisición lo Visita de Nuevo

A pesar de que el papa Pablo V condonara el trabajo continuo de Galileo, ya existían pruebas de que Galileo sí favorecía el modelo copernicano del universo. La popularidad de *Siderius Nuncius* apoyó la afirmación obvia de que Galileo no solo teorizaba sobre un universo heliocéntrico, sino que también creía que otras teorías se basaban en tonterías. Esto estaba en contra de las instrucciones precisas del papa y el cardenal, y aunque no se involucraron personalmente en ningún caso contra el astrónomo, Galileo fue nuevamente investigado por la Inquisición católica.

Casi inmediatamente después de la reunión de Galileo con el papa, la Inquisición encontró una vez más una razón para investigar a Galileo, y evidentemente ya lo habían estado haciendo durante algún tiempo. Esta vez, los inquisidores estaban preocupados por la supuesta creencia del científico de que la Tierra se movía alrededor del Sol. Inconscientemente, Galileo había cultivado muchos críticos en el clero siguiendo la teoría copernicana de que la Tierra no se encontraba en el centro del universo, y estas personas lo acusaron activamente de blasfemia. Los inquisidores se tomaron su tiempo para reunir pruebas y entrevistar a testigos, pero la principal prueba fue una carta que Galileo había enviado a su colega matemático y exalumno Benedetto Castelli, que posteriormente fue enviada a la Gran Duquesa viuda Cristina de Toscana.

En la carta, Galileo le decía a Castelli cuán frustrante era tener frases bíblicas tomadas tan literalmente por la gente de la iglesia, señalando que la frase "las manos de Dios" no debía ser traducida como un hecho sino figurativamente como la existencia de Dios en la vida de su pueblo. Teniendo en cuenta que la Biblia probablemente no debía traducirse en la mayoría de los escenarios, afirmaba Galileo, no tiene sentido apoyar una perspectiva individual de su mundo cuando una sola persona no puede comprender la verdad de Dios "¿Quién se atrevería a afirmar que conocemos todo lo que hay por conocer?"[28]

Estas fueron una serie de cartas privadas, pero fueron publicadas por Galileo con la esperanza de que la discusión generara una especie de entendimiento entre religión y ciencia. Se inspiraron en un suceso que tuvo lugar dentro de la casa de Medici en 1613, durante la cual Cosimo II de Medici y su madre, la Gran Duquesa Cristina, comenzaron a comentar los satélites de Júpiter durante el desayuno. Benedetto Castelli, estudiante de Galileo que también estuvo presente, le pidió a Galileo que comentara sobre el aspecto central de esa conversación. Ese punto fue la aparente falacia de las propuestas de Galileo sobre el universo cuando se toma en contraste con las palabras específicas de la Biblia.

La respuesta de Galileo a la solicitud de Castelli fue la famosa "Carta a la Gran Duquesa Cristina", que originalmente la enviara al mismo Castelli. Finalmente, la gran parte del contenido de esa carta se distribuyó ampliamente en forma de manuscrito. En sus páginas, Galileo declaraba que la Biblia enseña a las personas cómo ir al cielo, no cómo funcionan los cielos. La creencia de Galileo en la verdad de la hipótesis copernicana alarmó a los inquisidores

---

[28] Linder, Douglas O. "El Juicio de Galileo": Una Narración". *Facultad de Derecho UMCK*. Web.

dominicanos como Tommaso Caccini y Niccolò Lorini, y su consejo investigó la carta de Galileo a Cristina.[29]

La carta era extensa, alcanzando siete páginas, y parece haber servido un propósito esencial para un hombre cuya obra más significativa tuvo que estar en cierto modo oculta, al menos de la Inquisición española. Galileo fue más afortunado que su contemporáneo, el astrónomo Giordano Bruno porque al menos no lo quemaron por sus creencias sobre un universo heliocéntrico y, sin embargo, la muerte de Bruno en 1600 tuvo que haber sido una señal de advertencia significativa para los sucesores científicos del pobre hombre. Aun así, Galileo insistió en que la investigación científica debía continuar a pesar de su contraste con los textos bíblicos.

En sus palabras, Galileo le suplicaba a la duquesa de Medici que considerara otro punto de vista:

> Aunque la Escritura no puede equivocarse, sin embargo, algunos de sus intérpretes y expositores a veces pueden equivocarse de varias maneras. Una de ellas sería muy seria y frecuente, es decir, querer limitarse siempre al significado literal de las palabras; porque así surgirían no solo varias contradicciones, sino también herejías y blasfemias graves, y sería necesario atribuir a Dios los pies, las manos y los ojos, así como los sentimientos corporales y humanos como la ira, el arrepentimiento, el odio y, a veces, incluso el olvido de las cosas del pasado e ignorancia de las futuras.
>
> Así, en la Escritura uno encuentra muchas proposiciones que se ven diferentes de la verdad si se sigue el significado literal de las palabras, pero que se expresan de esta manera para acomodar la incapacidad de la gente común. Del mismo modo, para los pocos que merecen estar separados de las masas, los intérpretes sabios deben dar su verdadero

---

[29] "Galileo Galilei". Sachiko Kusukawa y el Departamento de Historia y Filosofía de la Ciencia de la Universidad de Cambridge.1999.

significado e indicar las razones particulares por las que se han expresado por medio de tales palabras.[30]

Dados los principios científicos en los que creía Galileo, tenía que estar constantemente en guardia para defender sus hallazgos de los teólogos. Después de haber escrito su carta a Benedetto Castelli dos años antes, el científico consideró necesario ampliar este mismo documento en beneficio de la Gran Duquesa viuda Cristina. Ella era un miembro importante de la aristocracia europea, y Galileo probablemente fue sabio al tratar de mantenerla de su lado en lugar de dejar que las creencias personales de la duquesa se degradaran en un odio a la astronomía moderna.

Galileo suplicaba a la dama que entendiera que su interpretación del universo no iba en contra de la Biblia. En cambio, argumentaba, muchas personas habían malinterpretado las palabras de la Biblia y, por lo tanto, llegaron a creer mentiras que estaban en conflicto con la realidad. Además, Galileo quería que la duquesa estuviera de acuerdo con él en que la ciencia y la religión no estaban necesariamente en constante conexión entre sí, un punto de vista bastante controvertido. Su carta continuaba:

Antes de condenar una proposición física, debe demostrarse que no se la ha demostrado rigurosamente, y esto no debe hacerse por aquellos que sostienen que la proposición es verdadera, sino por aquellos que la juzgan falsa. Esto parece muy razonable y natural para aquellos que creen que un argumento es falso y que pueden encontrar las falacias mucho más fácilmente que los hombres que lo consideran verdadero y concluyente.[31]

Galileo debe haberse sentido increíblemente aislado en momentos como estos, cuando se vio obligado a insistir en que era un católico fiel y que creía plenamente en las verdades de la Biblia. Aunque

---

[30] Carta a Benedetto Castelli de Galileo Galilei, 1613, Diciembre 21.

[31] Koestler, Arthur. Los SONÁMBULOS. 195.

quizás las cartas convencieran a algunos de la sociedad europea de una necesaria separación entre la Biblia y la investigación científica, el efecto general de sus cartas a Castelli y a la Gran Duquesa viuda Cristina fue menos positivo. Sirvieron principalmente para demonizarlo aún más a los ojos de los miembros más devotos de la Iglesia católica y la Inquisición. No fue de ayuda para su caso que varios miembros de la Inquisición que habían estado involucrados en la investigación y la posterior ejecución de Giordano Bruno estuvieran trabajando en el caso contra Galileo.

Muchos científicos de la época de Galileo se sintieron coartados de manera similar por la autoridad de las Iglesias católicas y protestantes de Europa, y aun así continuaron creyendo en la existencia de Dios como creador. Parece probable que Galileo sintiera lo mismo, principalmente porque reclamó una y otra vez, incluso en cartas privadas. A pesar de su aprobación casi automática de las palabras de la Biblia, Galileo no parecía tener ninguna creencia religiosa modificada, o al menos ninguna que escribiera para la posteridad. A diferencia de los contemporáneos que encontraron alivio en las nuevas iglesias protestantes que se extendían por todo el continente, Galileo no hizo ningún movimiento para encontrar solidaridad en un grupo de feligreses menos críticos, lo que implica que todavía encontraba cierto consuelo en el catolicismo.

Aunque Galileo estaba algo protegido de la reacción violenta debido a su relación personal con el papa Pablo V, no estuvo exento de repercusiones. En 1616, el mismo año en que la Inquisición interrogara a Galileo, el papa puso el libro de Copérnico *'De revolutionibus orbium coelestium* (Sobre las revoluciones de las esferas celestiales) en el índice de libros prohibidos, que era una lista de publicaciones consideradas heréticas. a los ojos de la Iglesia católica. Sin embargo, a Galileo todavía se le permitió continuar sus estudios en busca de evidencia y usar el modelo geocéntrico como dispositivo teórico.

Afortunadamente para Galileo, la investigación de la Inquisición una vez más no resultó en cargos formales ni en ningún juicio. Sin embargo, el archivo en crecimiento del astrónomo se mantuvo y, en consecuencia, se actualizó en el transcurso de los próximos años.

Capítulo 13 - Discurso sobre las Mareas

El año 1616 fue increíblemente ocupado para Galileo, que no solo visitó al papa, negoció términos con el cardenal Bellarmine y padeció las investigaciones de la Inquisición católica; también escribió un nuevo libro. Su *Discorso Sul Flusso E Il Reflusso Del Mare* (Discurso sobre las Mareas) se publicó ese año, y describía teorías sobre cómo las mareas oceánicas estaban vinculadas al heliocentrismo. Mientras miraba hacia las partes visibles de nuestro sistema solar, Galileo no solo reflexionaba sobre los misterios de los planetas, sino también sobre cómo esas fuerzas celestiales podrían estar afectando la realidad física en la Tierra.

A pesar del hecho de que el ambiente político de la Europa del siglo XVII estaba bastante firme en contra de la idea de que la Tierra circulara alrededor del Sol, Galileo no podía evitar buscar evidencias para apoyar el modelo del universo que creía era el correcto. Todo lo que registraba y observaba parecía probar que Copérnico tenía razón. Galileo consideraba el núcleo del hecho que quería probar, es decir, que la Tierra se movía alrededor del Sol, y se preguntaba si ese movimiento planetario era el responsable del movimiento de las mareas. Su teoría fue desarrollada aún más por sus observaciones en los muelles de Venecia, donde el agua recolectada en los cascos de los barcos se desplazaría hacia adelante y hacia atrás una vez que el barco se hubiera detenido repentinamente. Era un fenómeno que debatía extensamente con su colega, Paolo Sarpi, un colega erudito italiano de la época.

Desde el punto de vista de Galileo, las mareas altas y bajas podrían resultar del movimiento hacia adelante y hacia atrás del agua del océano cuando una masa de agua se ralentiza o se acelera. Como un firme copernicano, Galileo buscó claridad en su teoría del heliocentrismo a través de esta explicación de los movimientos de las mareas. Con este fin, determinó que las mareas eran causadas por el doble movimiento de la Tierra alrededor del Sol y el movimiento giratorio de la Tierra. Debido al movimiento variable de la Tierra, planteó, los mares se aceleraban o desaceleraban, al igual que el agua en los barcos mercantes que observaba junto a Sarpi.

Galileo, que, durante ese momento, también se centraba en la comprensión y el desarrollo de los péndulos descubrió que el péndulo podría ayudar a explicar su floreciente teoría de las mareas. Utilizando un péndulo gigante en su modelo teórico del movimiento de las mareas, Galileo imaginó la Tierra como una bola en un extremo del instrumento. En montones y montones de notas, Galileo ilustró este péndulo moviéndose de un lado a otro con respecto a los movimientos teóricos de la Tierra. Supuso que la Tierra debía oscilar hacia adelante y hacia atrás cada seis horas para tener en cuenta los movimientos relacionados con las mareas oceánicas.

Galileo no logró descubrir ninguna aclaración indiscutible sobre el movimiento regular de las mareas altas y bajas, especialmente teniendo en cuenta las diferencias diarias en el momento en que ocurren las mareas altas y bajas. Sin embargo, continuó tratando de desarrollar su teoría durante el resto de su vida.

Esta era una teoría científica en la que Galileo no contó con el apoyo de su amigo, Johannes Kepler. Aunque Kepler elogió su trabajo, Galileo no estaba de acuerdo con él en que la Luna era responsable de producir las mareas oceánicas. En cambio, Galileo creía que las mareas eran causadas por el movimiento de la Tierra alrededor del Sol, así como por la rotación de la Tierra sobre su eje.

Eventualmente, resultó que Kepler tenía razón cuando Isaac Newton publicó en 1687 *Philosophiæ Naturalis Principia Mathematica (Principios Matemáticos de la Filosofía Natural)*.

Mientras que Copérnico había visto adecuadamente que los planetas giraban alrededor del Sol, fue Kepler quien caracterizó con precisión sus círculos. Utilizando las percepciones de Copérnico, que había adquirido de su anterior empleador Tycho Brahe, Kepler descubrió que las trayectorias de todos los planetas conocidos seguían tres leyes, que se conocieron como las leyes de Kepler del movimiento planetario.

Estas leyes se pueden explicar de la siguiente manera:

> 1. Todos los planetas se mueven alrededor del Sol en círculos curvos llamados elipses, teniendo al Sol como uno de los focos de la elipse.
> 2. A medida que un planeta se mueve a lo largo de su elipse, la velocidad del planeta no es constante.
> 3. Existe una relación matemática precisa entre la distancia de un planeta al Sol y el tiempo que le toma a ese planeta completar una revolución alrededor del Sol.

Llevó años formular las leyes de Kepler, ya que requerirían grandes cantidades de datos para que él mismo cambiara de opinión. Como numerosos lógicos de su época, Kepler comenzó su carrera con la convicción tradicional de estilo griego de que el círculo era la ruta más perfecta del universo. Pensó que, dado que los planetas habían sido creados por Dios, sus caminos en el espacio debían ser circulares. Durante mucho tiempo, intentó utilizar los hechos objetivos de Brahe sobre los movimientos de Marte para que se coordinaran con un círculo indirecto. Sin embargo, finalmente Kepler se vio obligado a admitir que los datos simplemente no se sumaban de esa manera.

Al final, Kepler vio la verdad y su investigación misma lo convenció de que no era el movimiento de la Tierra lo que causaba el movimiento de las mareas, sino las fuerzas atractivas de la Luna sobre los océanos. Galileo, desafortunadamente, permaneció bastante obsesionado con el potencial que veía en el movimiento de los péndulos. De hecho, aunque el péndulo no pudo explicar satisfactoriamente los movimientos de la Tierra, Galileo eventualmente los usaría para mejorar otros instrumentos contemporáneos.

Capítulo 14– Una Reunión con el Papa Urbano VIII

El papa Pablo V murió a finales de enero de 1621 después de sufrir una serie de accidentes cerebrovasculares. Después de su muerte, se procedió a la elección tradicional de su sucesor por el Colegio de Cardenales, que eligió a Alessandro Ludovisi. Ludovisi eligió dirigir la Iglesia como el papa Gregorio XV, pero su reinado solo duró dos años. Tras la muerte del papa Gregorio XV en 1623, Maffeo Barberini fue elegido papa bajo el nombre oficial de Urbano VIII.
La carrera eclesiástica de Barberini había estado en alza desde el principio, y fue bastante rápida teniendo en cuenta que su primer nombramiento importante solo había sido 22 años antes, cuando fue nombrado legado papal ante Enrique IV, rey de Francia. Tres años después, le habían dado el título de Arzobispo de Nazaret y lo habían elevado al puesto de nuncio papal para el rey francés. En 1606, se convirtió en el cardenal de San Pietro (San Pedro) en Montorio.[32]
La principal preocupación de Urbano VIII al asumir el papado fue la obra misionera de todos los católicos. Estableció una escuela para el entrenamiento de misioneros y derogó una norma que establecía que solo los misioneros jesuitas podían viajar a China y Japón. Para el

---

[32] "El Papa Urbano VIII, Maffeo Barberini (1568-1644)". *El Proyecto Galileo.*

nuevo papa, era importante que todas las órdenes reconocidas del catolicismo pudieran participar en la obra misionera, ya que creía que era su misión sagrada difundir su fe sobre la faz de toda la Tierra.

En resumen, Urbano VIII no se preocupó de inmediato por derogar ninguna de las decisiones tomadas por sus diversos antecesores sobre la teoría científica. Sabía que el papa Pablo V se había entendido con Galileo Galilei acerca de las publicaciones y los métodos de enseñanza apropiados, y no veía ninguna razón para renunciar a ese acuerdo, especialmente porque él y Galileo ya se conocían bien desde hacía más de una década.

Maffeo Barberini siempre había sido un hombre consumado, así como un miembro de la sociedad socialmente móvil y bien educado. Cuando Galileo llegó a Florencia en 1610, Barberini lo conoció en una cena formal con conocidos mutuos y sintió un profundo respeto por la inteligencia del científico y su sentido del humor.[33] Durante esa comida, Galileo escucharía fuertes críticas de su perspectiva científica sobre las propiedades físicas de los objetos flotantes, y Barberini alentó las ideas de Galileo contra los otros miembros del clero. A partir de ese momento, los dos hombres se mantuvieron en términos amistosos, y Barberini no tuvo problemas para comprender las diferencias entre la ciencia de Galileo y su propio reino en la Iglesia.

Los dos se encontraron seis veces durante la visita de Galileo a Roma en 1623, tiempo durante el cual el nuevo papa acordó fácilmente que Galileo podía escribir y publicar sobre el tema del copernicanismo. Su única estipulación, como la del papa Pablo V, fue que solo debería presentarla como una teoría, no como una verdad inamovible. Al ver las primeras versiones del manuscrito sobre el que trabajaba Galileo, Urbano solicitó en segundo lugar que el autor incluyera la teoría geocéntrica junto con el heliocentrismo.

---

[33] "Pablo V". *Enciclopedia de la Biografía del Mundo.* 2004.

Esto tendría un enorme impacto sobre el libro, que se completaría y publicaría en 1632.

Durante casi una década, Galileo disfrutó de una cálida relación con el papa Urbano VIII, y probablemente se sintió más a gusto en su trabajo progresista que en cualquier otro momento de su carrera. Mientras Galileo respiraba con un poco más de calma, el papa se propuso establecer su propia autoridad como la más alta de toda Italia. A diferencia del papa Pablo V, cuyo gran objetivo había sido reunir a toda Europa con el catolicismo, Urbano VIII eligió transformar su propia región en el reino más poderoso del continente.

El objetivo del papa era obligar y adquirir los principados más pequeños de Italia para incorporarlos al estado papal, que planeaba centrar en la ciudad de Urbino. En 1626, el ducado de Urbino se consolidó bajo su control, y poco después, Mantua también se alineó políticamente con el papado.[34] Gran parte del plan de Urbano implicaba la manipulación política; por lo tanto, apoyaba a los gobernantes menos ricos en las regiones que quería anexar en lugar de apoyar a las familias más elitistas de Europa. De esta manera, el papa Urbano VIII sigilosamente recogió tierras que de otro modo habrían ido a los Habsburgo o a los Medici, las familias más eminentes e influyentes de Europa.

Al hacerlo, Urbano VIII apoyó regularmente a las familias protestantes sobre los líderes católicos, todo en nombre de su objetivo más amplio. El papa llegó al extremo de incitar a las regiones enemistadas a las Guerras de Castro en 1641, después de lo cual agregó a Castro a los Estados Pontificios. Urbano VIII fue el último papa en ampliar la región eclesiástica, y lo hizo sin piedad. No obligado únicamente por manipulaciones políticas y financieras, Urbano VIII también se decidió por la gran tarea de acumular armas dentro del Vaticano. También estableció una línea de producción de

---

[34] Salvatore, Filippo. "Le Marche: Historia y Ciudades". *Panorama Italia*. Web. 2017.

armas en Tivoli, a unos 40 kilómetros (25 millas) al este de la Ciudad del Vaticano. Para completar aún más el arsenal, se saquearon enormes soportes de bronce del antiguo Panteón Romano, lo que inspiró a la gente de la ciudad a cotillear terriblemente sobre el papa. El dicho decía, "*Quod non fecerunt barbari, fecerunt Barberini*": "Lo que los brutos no hicieron, lo hizo el Barberini"[35].

Por su parte, Galileo no parecía haber hecho ningún esfuerzo para apoyar las estrategias en curso de su influyente amigo. Por supuesto, habría debido tener mucho cuidado con las familias ricas a las que se acercaba para obtener su patrocinio científico, ya que alinearse con uno de los muchos enemigos nuevos del papa podría ponerlo en una situación muy difícil. Por otro lado, con el mismo Urbano VIII haciendo tratos con los protestantes, el reinado del nuevo papa debió haber sido simultáneamente lo suficientemente caótico como para que una lógica científica no bíblica pasara desapercibida por las grietas de la Inquisición.

El papa Urbano VIII y su familia subieron generosamente a los artesanos en sus ciudades a una escala estupenda. El papa personalmente agotó sus cuentas bancarias para llevar a sus eruditos favoritos a Roma y para subsidiar diferentes obras importantes, como las tallas en piedra creadas por Gian Lorenzo Bernini. La obra de Bernini se considera la primera de su tipo en el mundo, y abarca un estilo llamado barroco. Fascinado con las tallas de Bernini, Urbano VIII trajo al artista a Roma para crear esculturas para las mejores residencias y edificios de Roma, incluidos el Palazzo Barberini y la Basílica de San Pedro. Asimismo, Bernini hizo tallar en piedra a varios individuos de la familia de Barberini, incluido, por supuesto, el mismo papa.

Las esculturas no fueron el único amor artístico de Urbano VIII y los miembros de su familia. También invirtieron fondos en la puesta en servicio de pinturas de artistas como Nicolas Poussin y Claude Lorrain. Una de las obras artísticas más enérgicas pagadas por el

---

[35] Van Helden, Al. "El Proyecto Galileo". Web. 1995.

papa fue el mural del techo en el salón del Palazzo Barberini. Pintado por Pietro da Cortona, el intrincado mural representa a varios caracteres alegóricos como Tiempo y Providencia, aparentemente trabajando juntos para garantizar la selección del papa más justo. La obra se llamó la *Alegoría de la Divina Providencia y el Poder Barberini.*

El resultado de todas estas espléndidas obras de arte, proyectos de construcción y medidas militares fue una inmensa deuda papal, y esto no pasó desapercibido para los contemporáneos de Urbano VIII. En 1636, los individuos de la sección española del Colegio de Cardenales estaban tan indignados por el gasto irresponsable del papa Urbano VIII que realmente elaboraron un plan para encarcelar o asesinar al papa. Una vez que hicieron eso, los intrigantes creyeron que podrían suplantarlo con Laudivio Zacchia.[36] Cuando Urbano VIII hizo un viaje a Castel Gandolfo, los conspiradores se reunieron de manera encubierta y hablaron sobre los enfoques para impulsar sus disposiciones. Sea como fuere, fueron descubiertos. Al descubrir el plan para usurparle el lugar, Urbano VIII huyó a Roma y declaró que cada cardenal debía abandonar Roma y regresar a sus iglesias locales, desmembrando así a los conspiradores.

Con este desastre casi evitado, Urbano VIII no disminuyó su gasto para tratar de recuperar a sus críticos. Todo lo contrario, continuó fortificando sus tierras y gastando libremente en obras artísticas, tanto que, en 1640, debía 35 millones de scudi.[37]

Tal vez sea comprensible que, debido a estas deudas increíbles y a la protesta pública de la Iglesia contra su liderazgo, los años posteriores de Urbano VIII vieran la ferviente persecución de cualquier supuesta calumnia a su cargo. Solo quedaban algunos años a Galileo en los que su amistad con Urbano VIII continuaría en su beneficio, pero lamentablemente, Galileo no parecía haber prestado atención a las señales de advertencia.

---

[36] Bargrave, John. *El Papa Alejandro Séptimo y el Colegio de Cardenales.* 2009.

[37] Duffy, Eamon. *Santos y Pecadores: Una Historia de los Papas.* 1997.

Capítulo 15 - El Ensayador

Recién llegado a casa de sus exitosas reuniones con el papa Urbano VIII, Galileo publicó *Il Saggiatore (El Ensayador)*. El libro salió en octubre de 1623 en respuesta a la afirmación de su colega, Orazio Grassi, de que los cometas eran objetos sólidos volando por el espacio. La opinión de Grassi sobre el asunto era correcta; sin embargo, a principios del siglo XVII, era difícil para los astrónomos hacer un reclamo seguro de una manera u otra. Galileo creía que la noción de Grassi de rocas voladoras gigantes en el espacio era incorrecta, y en El Ensayador, insistió en que los cometas debían estar hechos de luz, como los rayos del Sol, que viajan a altas velocidades. Razonaba que había dos tipos de sustancias en el universo, la primera de las cuales se puede experimentar físicamente y la segunda es intangible. Los cometas, continuaba, son del tipo intangible, hechos solo de luz y nada más.

Il Saggiatore sería la última y más crítica obra de Galileo sobre el tema de los cometas. Gran parte del contenido del libro se inspiraba en la llegada de tres cometas, todos en el año 1618. Al año siguiente, Orazio Grassi publicó un tratado anónimo sobre el tema de los cometas, y recibió muchas críticas, muchas de las cuales se dirigieron erróneamente a Galileo. Como el autor de la obra no tenía nombre, los astrónomos contemporáneos afirmaron que Galileo había escrito el discurso y era el hombre detrás de la teoría del cometa sólido. Galileo, que de ninguna manera apoyaba las teorías de Grassi, se vio obligado a tomar una acción defensiva que se convirtió en *Il Saggiatore*.

Il Saggiatore se distribuyó en Roma bajo la protección de la Academia Linceana, y se la dedicó personalmente al papa Urbano VIII. La portada del libro representa el escudo familiar de los Barberini, que incluye tres abejas melíferas. Siempre seguro de burlar su patrocinio papal, Galileo hizo bien en apaciguar a la poderosa familia de tal manera que fomentara una mayor protección.

En las páginas del libro, Galileo evaluaba las teorías de Grassi y decidió que estaban incompletas. Tomando en cuenta la pregunta principal de Grassi sobre la idea de los cuerpos divinos, Galileo proponía una forma general y lógica de abordar el examen de los cometas. Como de costumbre, su discurso calladamente promocionaba la verdad del modelo del universo copernicano. Además, Galileo postulaba que la teoría del cometa de estado sólido de Grassi era unilateral y que no utilizaba un método científico apropiado.

En *El Ensayador*, Galileo escribió:
> Cualquiera cometería un error grave si dijera que la mano, además de las propiedades del movimiento y tacto, poseía otra facultad de "cosquilleo", como si el cosquilleo fuera un fenómeno que residiera en la mano que le hacía cosquillas. Un trozo de papel o una pluma dibujada ligeramente sobre cualquier parte de nuestro cuerpo realiza intrínsecamente las mismas operaciones de movimiento y tacto, pero al tocar el ojo, la nariz o el labio superior, nos provoca una excitación casi intolerable, aunque en otros lugares apenas se siente. Esta excitación nos pertenece por completo y no a la pluma; si se eliminara el cuerpo vivo y sensible, no sería más que una simple palabra. Creo que la existencia más sólida no

pertenece a muchas cualidades que tenemos que atribuir a los cuerpos físicos, gustos, colores y muchos más.[38]

Galileo afirmaba con confianza que la teoría de los cometas de estado sólido estaba fuertemente influenciada por la religión y, por lo tanto, era dogmática. Lamentaba el hecho de que su colega, quienquiera que hubiera sido, no hubiera utilizado adecuadamente las matemáticas para ilustrar su argumento. De hecho, Galileo hablaba de las matemáticas como si fuera el lenguaje usado por Dios para diseñar y crear el universo. La perspectiva católica sobre las matemáticas, como Galileo creía y como esperaba que otros también la tuvieran, es que las declaraciones numéricas son comunes, reales y verdaderas y que pueden revelar la obra de Dios.

Sin embargo, en los días de Galileo, había filósofos e incluso matemáticos muy promocionados que consideraban que las matemáticas no eran más que una construcción de la mente humana. Bajo el supuesto de que todos los lenguajes y cálculos humanos estaban desconectados de la verdad y la realidad, incluso las ecuaciones más elegantes se volverían insignificantes. Para Galileo, esas filosofías no tenían sentido. Trabajaba con números y observaciones físicas todos los días, y de todo corazón creía que los pensamientos científicos descubrirían verdades asombrosas sobre la realidad física.

La convicción de que Dios hizo el universo de manera sistemática había motivado a los pensadores antiguos a perseguir las aritméticas, las ciencias y las innovaciones que llevaron a Europa a la era contemporánea. Para respaldar sus propias teorías sobre los cometas e ilustrar su punto sobre mantener las matemáticas en todo discurso científico, Galileo explicó que Dios debería ser visto como el establecimiento de toda la información, y dado que la ciencia era una representación excepcional de la creación de Dios, uno debería esperar descubrir, después de comprenderla, las cosas indetectables de Dios.

---

[38] Galilei, Galileo. *El Ensayador*. 1623.

Johannes Kepler estuvo de acuerdo con su amigo sobre las matemáticas y su papel fundamental en la explicación de la creación de Dios. Kepler reconoció que podía celebrar a Dios a través de sus investigaciones numéricas, y sus notas lógicas se mezclaban regularmente con súplicas y elogios a su Señor. Kepler aceptó que en la creación de Dios había organización y que cuantos más católicos percibieran el significado de la creación, más profundo sería su amor por su creador. En lo que respecta a Kepler, el punto principal de todos los exámenes del mundo exterior era encontrar las reglas intrínsecamente tejidas por Dios, y Kepler creía que la única forma de descubrir estas reglas era emplear el lenguaje de la ciencia. En su investigación astronómica y física, Kepler solo quería poder interpretar los pensamientos y las acciones de Dios.

Galileo no solo creía sinceramente lo mismo que su amigo, sino que esperaba que toda la sociedad llegara a comprender las matemáticas y la evidencia científica de la misma manera. Había sido advertido por una sucesión de papas en contra de impulsar una agenda copernicana, pero Galileo no podía evitar esperar para persuadir al mundo para que entendiera que las matemáticas eran el lenguaje de Dios y que los descubrimientos realizados usando tal lenguaje eran lo opuesto a lo herético.

Capítulo 16 - Diálogo Sobre los dos Principales Sistemas Mundiales

En 1632, Galileo publicó un libro en cuyo contenido había estado trabajando durante décadas. Fue la culminación de todas sus investigaciones y cálculos en apoyo del modelo heliocéntrico del universo, y finalmente, estaba preparado para lanzarlo públicamente. Por supuesto, ninguna gran obra se envía a imprimir antes de que el patrono de uno le echara un vistazo preliminar, y en el caso de Galileo, eso significaba consultar con el papa Urbano VIII. Basado en su acuerdo previo, Urbano VIII permitió a Galileo publicar el libro siempre que presentara argumentos apoyando el geocentrismo. Urbano solicitó específicamente que sus puntos de vista se escribieran en el libro, y fue esta demanda la que causó muchos problemas más adelante.

El libro fue revisado en consecuencia, y al publicarse, se llamó *Dialogo sopra i due massimi sistemi del mondo*, (más comúnmente conocido por su traducción al español, el Diálogo sobre los dos Sistemas Mundiales Principales). El Diálogo sería la publicación más influyente y controvertida de Galileo. Después de haber obtenido el permiso del papa anterior para continuar sus estudios en astronomía no aristotélica, el nuevo papa, Urbano VIII, permitió a Galileo publicar su idea de un universo no geocéntrico si se presentaba como una teoría junto con el modelo geocéntrico apoyado por la iglesia. Al igual que en una escuela en la que se presentan a los estudiantes la evolución biológica y el diseño inteligente, Galileo se vio obligado a ofrecer ambos modelos del universo como teorías con el mismo potencial.

El *Diálogo* fue el resultado de esas instrucciones papales, y fue una obra única en el sentido de que no fue escrita exclusivamente para académicos. En lugar de leerse como un artículo científico o un libro de texto, el *Diálogo* fue solo eso: un diálogo entre dos conjuntos de personajes. En la historia, un conjunto de personajes eran defensores del modelo heliocéntrico, y los otros estaban a favor de un modelo geocéntrico. Los principios básicos de ambos modelos se explicaban mediante conversaciones entre los personajes que creara Galileo. En cuanto a la solicitud especial del papa, técnicamente hablando, Galileo hizo exactamente lo que Urbano VIII le pedía.

Desafortunadamente, cuando el *Diálogo sobre los dos Principales Sistemas Mundiales* se hizo público en 1632, quedó claro que había un fuerte subtexto presente en el libro del científico. El personaje principal a favor del geocentrismo (la voz del papa) se llamaba Simplicio, un nombre latino perfectamente aceptable. Sin embargo, era un nombre que se usaba con tanta frecuencia para burlarse de una persona tonta como lo sería hoy. Simplicio argumentaba a favor de que el Sol rodeaba la Tierra, pero los otros personajes del libro lo reprendían constantemente por su incapacidad para comprender que era la Tierra la que, de hecho, rodeaba al Sol. Simplicio era ridiculizado en todo el texto, dejando muy claro cuáles eran las opiniones del autor sobre el universo, a pesar de que Galileo había recibido instrucciones claras de no mostrarse a favor de un modelo sobre otro. Claramente, el autor del *Diálogo* creía que las ciencias de estilo aristotélico y pitagórico estaban desactualizadas.

A continuación, se muestra un extracto del libro. En este pasaje, Simplicio intenta culpar a su rival, el copernicano Salviati, por abrazar las ciencias de los antiguos griegos por su amor compartido por las matemáticas. En cambio, Salviati responde que los pitagóricos de hacía mucho tiempo condenaban la publicación de las verdaderas matemáticas, creyendo que ese conocimiento era demasiado complejo para el lector común.

SIMPLICIO: Parece que vos ridiculizáis estas razones y, sin embargo, todas ellas son doctrinas para los pitagóricos, que tanto atribuyen a los números. Vos, que sois matemático y creéis en muchas opiniones filosóficas pitagóricas, ahora parece despreciáis sus misterios.

SALVIATI: Sé que los pitagóricos sostenían la ciencia de la comprensión humana y creían que participaba de la divinidad simplemente porque entendían la naturaleza de los números; lo sé muy bien y no estoy lejos de tener la misma opinión. Pero no creo en absoluto que estos misterios que hicieron que Pitágoras y su secta tuvieran tanta veneración por la ciencia de los números son las locuras que abundan en los dichos y escritos de los vulgares. Más bien sé que, para evitar que las cosas que admiraban se expusieran a la calumnia y el desprecio de la gente común, los pitagóricos condenaron como sacrílega la publicación de las propiedades más ocultas de los números o de las cantidades inconmensurables e irracionales que investigaron.

Simplicio pudo haber sido incapaz de comprender los puntos más sutiles del Diálogo, pero el papa Urbano VIII fue perfectamente capaz de ver que el hombre por el que había hecho tantas concesiones lo ridiculizaba. Urbano VIII rápidamente prohibió la venta del libro en Roma y puso a los inquisidores católicos sobre el manuscrito para registrar todas las transgresiones heréticas que se encontraban en sus páginas. La amistad entre Galileo y su viejo amigo y mecenas había terminado de verdad.

Por su parte, Galileo afirmaba haber seguido simplemente las instrucciones que se le habían dado: cualquier interpretación de su personaje de Simplicio como algo más que un personaje figurativo era incorrecta, insistió. Desafortunadamente para el científico, la vida estaba a punto de volverse bastante difícil. La Inquisición católica finalmente contó con el apoyo del papa para investigar y llevar a Galileo a juicio, y también comenzó a sufrir mucho por la mala salud.

De hecho, ese mismo año, los médicos de Galileo intentaron intervenir ante la Iglesia católica en su nombre. Para entonces ya estaba frágil, y con problemas de salud y pérdida de la visión, razón por la que sus médicos temían que ser sometido a las notorias torturas de la Inquisición lo mataría.

17 de diciembre de 1632

> Nosotros, los médicos abajo firmantes, certificamos que hemos examinado al Signor Galileo Galilei, y descubrimos que su pulso se interrumpe cada tres o cuatro latidos, de lo que concluimos que sus poderes vitales se ven afectados, y a su avanzada edad se ha debilitado mucho. A lo anterior se le deben atribuir los frecuentes ataques de vértigo, melancolía hipocondríaca, debilidad del estómago, insomnio y dolores rápidos en el cuerpo, de lo que otros también pueden testificar. También hemos observado una hernia grave con ruptura del peritoneo. Todos estos síntomas son dignos de mención, ya que bajo la menor molestia evidentemente pueden volverse peligrosos para la vida.
>
> Vettorio de Rossi
> Giovanni Ronconi
> Pietro Cervieri[39]

Aunque ni el papa ni sus inquisidores mencionaron la nota o disminuyeron cualquier tortura o castigo planeado, parece muy posible que la intervención de los médicos hubiera tenido un efecto positivo. Después de todo, Giordano Bruno había sido quemado por cargos similares solo 33 años antes; en contraste, el posterior juicio y

---

[39] Von Gebler, Karl. GALILEO GALILEI. 1879.

castigo de Galileo por su búsqueda de la ciencia parecen bastante leves.

Capítulo 17 - Juicio y Encarcelamiento

En 1633, Galileo fue acusado oficialmente de herejía por enseñar la teoría copernicana, una teoría que se oponía a la supuesta versión bíblica de una Tierra fija en el centro del universo. Galileo presentó su carta del cardenal Belarmino a los inquisidores, pero fue de poca utilidad. Los representantes del papa Urbano VIII le suplicaron a Galileo que simplemente se retractara de su posición sobre la materia y pidiera perdón, pero él se negó, una y otra vez.

Vincenso Firenzuelo recibió la tarea de entrevistar al acusado varias veces, y durante cada uno de esos interrogatorios, intentó de todas las maneras que sabía extraer una confesión y una disculpa del astrónomo. Al menos una de estas reuniones le dio esperanza a Firenzuelo, que se lo comunicó con gran regocijo en una carta al cardenal Francesco Barberini.

> Entré en conversación con Galileo ayer por la tarde, y después de que muchos y muchos argumentos y réplicas pasaran entre nosotros, por la gracia de Dios, logré mi objetivo, porque lo llevé a un completo sentido de su error, de modo que él claramente reconoció que se había equivocado y había ido demasiado lejos en su libro. Y a todo esto expresó con palabras de mucho sentimiento, como alguien que experimentara un

gran consuelo en el reconocimiento de su error, y también estaba dispuesto a confesarlo judicialmente. Sin embargo, solicitó un poco de tiempo para considerar la forma en que podría hacer la confesión más adecuadamente, lo que, en lo que respecta a su sustancia, espero que siga de la manera indicada.

A su Eminencia, su sirviente más humilde y obediente,

Fra Vinc. Da Firenzuelo

Roma, 28 de abril de 1633.[40]

Quizás Galileo tenía alguna esperanza de que su viejo amigo, Urbano VIII, cambiara de opinión, o quizás Galileo simplemente estaba cansado de tratar de ocultar la verdad sobre su perspectiva del universo. En cualquier caso, el papa no intervino en favor de Galileo, y a pesar de finalmente ceder ante la creciente presión para retractarse de su declaración de que la Tierra gira alrededor del Sol, el científico fue declarado culpable de herejía el 22 de junio de 1633. Fue sentenciado a prisión.[41]

Al día siguiente, la sentencia se modificó de prisión a arresto domiciliario, y Galileo se mudó a la cómoda propiedad de Ascanio Piccolomini, arzobispo de Siena, Toscana. Aunque al hombre condenado no se le permitió salir de la finca, tenía habitaciones privadas y fue tratado como un invitado en lugar de un prisionero. Finalmente, después de haber sido un invitado bien educado de Piccolomini, a Galileo se le permitió regresar a su casa en Arcetri, Florencia. Sin embargo, no se le permitió abandonar los terrenos. La vivienda de Arcetri era un espacio agradable en el que residir, y estaba muy cerca del convento donde vivían las dos hijas de Galileo. Lamentablemente, María Celeste, que había cambiado su nombre a Virginia después de unirse al convento, murió a mediados de 1634.

En Arcetri, Galileo recibiría a algunos de los visitantes más eminentes del reino, incluidos Ferdinando II de Medici y el pintor

---

[40] De Santillana, Giorgio. *El Crimen de Galileo*. 1955.

[41] Hacket Publishing. *El Juicio de Galileo: Documentos Imprescindibles*. 2014.

Justo Sustermans, también conocido como Giusto Sustermans. Sustermans aprovechó la oportunidad durante su visita a Arcetri en 1636 para pintar un retrato del científico más famoso de Europa. Su retrato, creado en el nuevo estilo barroco, es una representación realista de un hombre de barba larga grisácea vestido de negro conservador con un grueso cuello blanco. Los ojos de Galileo parecen centrarse directamente en el artista, y aunque parece experimentado y sabio, también parece cansado y un poco triste. El retrato de Sustermans de Galileo ha sido considerado por muchos como la mejor imagen del hombre mismo.

A pesar de su afección cardíaca, el dolor por la pérdida de su hija y la ceguera cada vez más invasiva, Galileo no podía evitar continuar su trabajo. Las teorías de Galileo sobre las fuerzas de la gravedad se convirtieron en una parte importante de su publicación final en 1638, *Discursos y Demostraciones Matemáticas Relacionadas con Dos Nuevas Ciencias*. El libro fue uno de los primeros tratados sobre lo que de hecho era una nueva ciencia: la física. El trabajo de Galileo sobre los temas de las fuerzas atractivas e interacciones entre objetos físicos sería uno de los libros de física más importantes del siglo y el precursor de los *Principia* de Isaac Newton en 1687.

En las páginas de *Dos Nuevas Ciencias*, Galileo finalmente regresó al problema que lo había perseguido: el grosor del techo del infierno. Habían pasado cincuenta años desde que se enfrentó a la Academia Florentina y apoyó la hipótesis de Antonio Manetti contra la de Alessandro Vellutello, y habían pasado casi tantos años desde que había guardado un terrible secreto del público, que sus mediciones sobre las dimensiones de la visión de Dante del Infierno eran incorrectas.

Originalmente, Galileo había supuesto que cuando se aumentaba el tamaño de una cúpula, su grosor aumentaría en la misma proporción. Por lo tanto, cuando la longitud y el ancho de la cúpula se duplicaban, calculaba el aumento esencial de su grosor a la misma tasa: si se duplica el largo y el ancho, se duplica el grosor. Desafortunadamente, esta no era la relación correcta entre la longitud, el ancho y el grosor de un techo abovedado, y poco después, Galileo había descubierto su error. Las razones para ocultar su error eran bastante obvias, dado el prestigio, el dinero y la aclamación que le habían valido a Galileo el trabajo en el proyecto.

Sin embargo, el científico de 73 años descubrió que era hora de desahogarse y dar la verdadera ecuación matemática mediante la cual se podrían calcular las diversas características de un techo sólido, fuerte y abovedado. En realidad, los techos como el descrito por Dante cubriendo el inmenso techo del infierno deben aumentar de espesor mucho más rápidamente que el aumento de longitud y anchura. Galileo expresó esta relación en lo que se conoció como la ley cuadrático-cúbica. En términos básicos, la ley cuadrático-cúbica muestra que a medida que un objeto aumenta de tamaño, su volumen aumenta más rápidamente que la superficie del área.

Esta ley general ya había sido probada por Johannes Kepler. Kepler había publicado un libro llamado *Nova Stereometria Doliorum Vinariorum* (*Nueva Geometría Sólida de Barriles de Vino*) en 1615 que demostraba que a medida que crecían las dimensiones de un barril, también lo hacía su volumen. Sus hallazgos se produjeron después de una furiosa investigación destinada a demostrar que había pagado de más al proveedor de vino en su boda. Probablemente lo había hecho, pero no tanto como había esperado.

Los ingenieros y científicos siguen utilizando hoy la ley cuadrático-cúbica de Galileo, ya que tiene muchas más aplicaciones de las que parece a primera vista. La ley explica no solo que los techos y las vigas en los edificios deben hacerse más gruesos a medida que aumenta su longitud, sino que también explica por qué los huesos de los grandes animales, como los elefantes, son mucho más gruesos que los que se encuentran en los animales más pequeños. Para que dichos animales soporten su pesado peso, sus huesos tendrían que ser increíblemente gruesos

En cuanto al techo del Infierno de Dante, había más en el tema que calcular mal el grosor del techo, y probablemente es por eso por lo que Galileo mantuvo su secreto durante tanto tiempo. Habiendo usado su ley cuadrático-cúbica perfeccionada para recalcular las dimensiones de dicho techo, se dio cuenta de que el grosor del techo del Infierno tendría que ser tan grueso para soportar su longitud y ancho del tamaño de un continente que no habría espacio debajo para albergar los nueve grandes niveles de Dante del inframundo. Simplemente no había suficiente espacio debajo de la superficie de la Tierra para contener a todos los millones de almas que habían vivido y muerto.

Quizás Galileo hubiera confesado su error mucho antes si fuera solo un caso de números; claramente no estaba preparado para asumir la responsabilidad por el hecho aparente de que la visión del Infierno de Dante era simplemente incorrecta. Dante había hecho referencia a su representación poética de las nueve capas del Infierno con mucho cuidado, extrayendo información directamente de la Biblia, y eso significaba que si Galileo presentaba sus descubrimientos de que no podría existir dicho lugar como se lo describe, socavaría algunos de las doctrinas fundamentales de la Iglesia católica.

Dado que ya estaba bajo arresto domiciliario, probablemente no parecía el tipo de secreto que valiera la pena llevarse a la tumba. Entonces, se esforzó por publicar el nuevo libro. Dada la prohibición papal de todos los libros escritos por Galileo, el eminente científico era reacio a publicar *Dos Nuevas Ciencias* en la cercana Venecia, a pesar de haber tenido una oferta. Sin embargo, tuvo dificultades para encontrar un editor fuera de Italia; no pudo encontrar a nadie dispuesto a publicarla en Alemania, Francia o Polonia. No fue hasta que el manuscrito fuera presentado a Lodewijk Elzevir, del sur de Holanda, que el trabajo de Galileo finalmente llegó a la prensa. En esa parte de Europa, el alcance de la Inquisición católica era algo menos letal, lo que explica la voluntad de Elzevir de agregar *Dos Nuevas Ciencias* a los tomos de la gran editorial de su familia.

Ya bajo la custodia de la Iglesia, aunque con una comodidad razonable en su propia casa, Galileo tenía poco que perder cuando *Dos Nuevas Ciencias* comenzó a venderse en ciudades de toda

Europa. Las copias del libro pronto aparecieron tan cerca como Roma, pero evidentemente, la Inquisición vio pocas razones para llevar a su prisionero de vuelta a juicio. Ya se había establecido que el papa no deseaba torturar o matar a Galileo y, por lo tanto, no se tomaron más medidas legales.

Capítulo 18 - Trabajo Final y Muerte

En 1641, a los 77 años y completamente ciego, Galileo dirigió su atención hacia su última gran contribución a la comunidad científica. Específicamente, quería explorar el potencial de un péndulo dentro de un mecanismo de relojería. Vincenzo Viviani, estudiante y asistente residente de Galileo, describió la situación muy detallada en su posterior biografía del gran astrónomo.

Según Viviani, la idea le llegó de golpe a Galileo un día de 1641 mientras Viviani vivía con el anciano en su casa en Arcetri. Viviani escribió que la idea surgió repentinamente, afirmando que Galileo se dio cuenta de inmediato de que un péndulo podía ajustarse a relojes con resortes cuidadosamente construidos, resolviendo así un conjunto de problemas de regularidad que constantemente atormentaban a la industria relojera.

Los relojes mecánicos no eran raros en la época de Galileo, probablemente se inventaron en el siglo XIV, pero estaban lejos de ser una forma confiable de medir el tiempo. Las ideas de Galileo sobre el nuevo proyecto eran solo hipotéticas, basadas en el hecho de que su intensa investigación relacionada con el péndulo en décadas anteriores mostraba una regularidad predecible en los movimientos de dicho dispositivo.

Desafortunadamente, la ceguera de Galileo en ese momento de su vida significaba que no podía esbozar adecuadamente sus ideas y hacer planos. Afortunadamente, poco después de que la idea comenzara a formarse en su mente, el hijo de Galileo, Vincenzo, vino a Arcetri a visitar a su padre. Aunque Marina Gamba, la madre de Vincenzo, había muerto décadas antes, poco después, Galileo cambió el nombre de su hijo a Vincenzo Galilei legitimándolo a los ojos de la ley. Al igual que su abuelo, el joven Galilei también era músico. Las hijas del astrónomo habían sido ubicadas en un convento y mantenían regularmente correspondencia con su padre, aunque María Celeste (originalmente Virginia) había muerto en 1634. Galileo nunca se casó y no había tenido una pareja permanente después de morir Marina Gamba, y estos tres hijos fueron la única descendencia que él reclamara como suya.

En la visita de Vincenzo, los dos se sentaron juntos, discutiendo la logística de un reloj de péndulo, y el joven puso los planes en papel. Aunque Vincenzo era músico, había sido instruido por el mismo alumno de Galileo, Benedetto Castelli, y se lo consideraba bastante talentoso en mecánica. Su trabajo en el diseño de un reloj de péndulo fue innovador, aunque no se pondría en práctica hasta unos años después de que Galileo finalmente falleciera sucumbiendo a su mala salud.

El 8 de enero de 1642, Galileo moría en su casa alquilada en Arcetri. Como hereje condenado, al astrónomo no se le permitió recibir un entierro católico adecuado con un gran servicio en una catedral. Sin embargo, cualquiera que fuera la decisión de la Inquisición y del papa, los familiares y amigos restantes de Galileo sabían que había sido un católico fiel durante toda su vida. Organizaron un funeral rápido y secreto al día siguiente, enterrando al gran hombre en el fondo del campanario de la Basílica de Santa Croce, cerca de Florencia. La tumba permanecería sin señalarse, a pesar de los repetidos y entusiastas intentos del Gran Duque Fernando II de

Medici de erigir una gran estatua. Renunció a la idea después de las instrucciones directas de Urbano VIII para que desistiera.

Medio siglo después de la muerte de Galileo, otro científico del Renacimiento llamado Isaac Newton presentó su ley universal de la gravitación y las leyes del movimiento. Estos cálculos precisos y observaciones del movimiento de objetos en y alrededor de la Tierra finalmente probaron que Galileo Galilei, y Giordano Bruno, Johannes Kepler y Copérnico, estaban en lo correcto cuando dijeron que la Tierra se movía alrededor del Sol.

En una disculpa al científico condenado, la Iglesia católica eliminó los títulos de Galileo del índice de libros prohibidos en 1718. En 1737, la Iglesia hizo una nueva declaración de que el cuerpo del astrónomo podría ser enterrado dentro de la Basílica de Santa Croce, cerca de los restos del padre de Galileo, Vincenzo, así como de la de Miguel Ángel y muchos otros famosos florentinos. Durante el nuevo entierro, los admiradores de Galileo recogieron pequeños huesos del hombre muerto para mantenerlos como reliquias queridas. Quitaron varios dedos, un diente y un pedazo de las vértebras de Galileo, la mayoría de las cuales ahora se encuentran en el Museo Galileo en Florencia.

Más tarde aún, en 1768, el ensayista florentino Giuseppe Pelli Bencivenni escribió:

> ¿Qué diría Galileo si volviera a la vida y viera que su hipótesis de que la Tierra se movía alrededor del Sol se enseñaba y se explicaba incluso en almanaques? Y, sin embargo, es así en la *Mangia di Siena*, un almanaque impreso allí con la necesaria aprobación el año pasado y este, bien explicado tanto para la gente común como para la gente instruida. Así cambia el mundo, y cambiará aún más, de modo que en un siglo o dos nuestros nietos quizás se rían de nosotros, de nuestros errores y nuestros prejuicios.[42]

---

[42] Bonechi, Sara. Traducido por Anna Teicher. "Después de Galileo". *Museo Galileo*. Web.

Galileo tuvo la sombra de la Inquisición colgando sobre él durante la mayor parte de su carrera, y aunque murió bajo arresto domiciliario, el mundo no lo olvidaría. Cuando la NASA envió una nave espacial no tripulada a Júpiter en 1989, la llamaron Galileo en su honor. En 1992, más de 300 años después de la muerte del astrónomo, el papa Juan Pablo II declaró la condena del antiguo científico por la Inquisición católica como un "doloroso malentendido". Hoy, es celebrado como una de las mentes más inteligentes, no solo del siglo XVII, sino de toda la historia humana.

Lea más libros de Captivating History

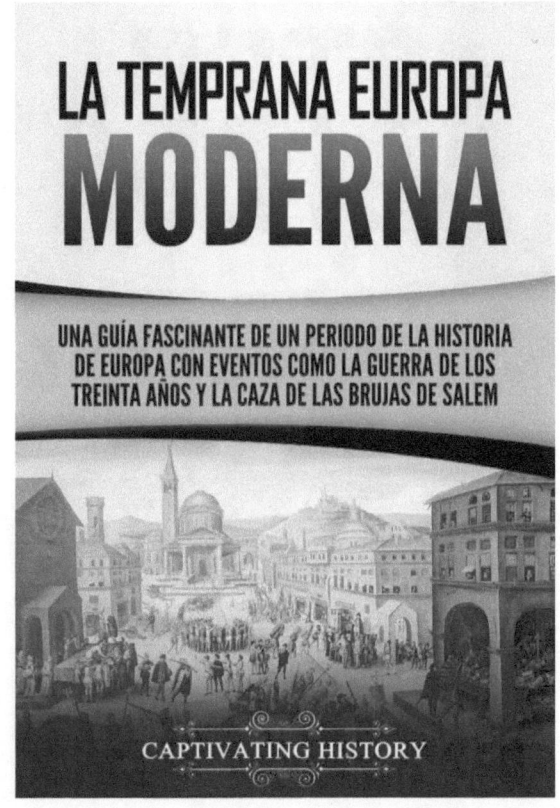

AZTECA

Una Guía Fascinante De La Historia Azteca y la Triple Alianza de Tenochtitlán, Tetzcoco y Tlacopan

CAPTIVATING HISTORY

www.ingramcontent.com/pod-product-compliance
Lightning Source LLC
LaVergne TN
LVHW041649060526
838200LV00040B/1771